城市交通需求管理政策：

TRAVEL DEMAND MANGEMENT
POLICIES IN CITIES

李瑞敏 刘志勇 著

实证与经验
EMPIRICAL STUDY
AND EXPERIENCE

人民交通出版社

北京

内 容 提 要

本书基于作者多年来在该领域的研究成果,针对国内部分典型的城市交通政策的数据实证效果分析进行了梳理。本书共分7章,主要内容包括:概述、北京夏季奥运会期间交通管制政策影响、差异化限行政策的交通影响、限行政策的威慑作用与公众的遵从行为、路内停车收费价格调整的影响、不同公共交通优惠政策的差异化影响、车辆限行政策对城市交通系统的影响。

本书可供大专院校交通运输工程相关专业的学生阅读,也可供在科研机构、企事业单位中从事相关工作的各类人员参考阅读。

图书在版编目(CIP)数据

城市交通需求管理政策:实证与经验 / 李瑞敏,刘志勇著 . — 北京:人民交通出版社股份有限公司,2024.7. — ISBN 978-7-114-19709-3

Ⅰ. F572

中国国家版本馆 CIP 数据核字第 2024MX4476 号

Chengshi Jiaotong Xuqiu Guanli Zhengce : Shizheng yu Jingyan

书　　名:	城市交通需求管理政策:实证与经验
著 作 者:	李瑞敏　刘志勇
责任编辑:	姚　旭　钟　伟
责任校对:	赵媛媛
责任印制:	刘高彤
出版发行:	人民交通出版社
地　　址:	(100011)北京市朝阳区安定门外外馆斜街 3 号
网　　址:	http://www.ccpcl.com.cn
销售电话:	(010)85285857
总 经 销:	人民交通出版社发行部
经　　销:	各地新华书店
印　　刷:	北京市密东印刷有限公司
开　　本:	720 ×960　1/16
印　　张:	12.75
字　　数:	208 千
版　　次:	2024 年 7 月　第 1 版
印　　次:	2024 年 7 月　第 1 次印刷
书　　号:	ISBN 978-7-114-19709-3
定　　价:	66.00 元

(有印刷、装订质量问题的图书,由本社负责调换)

序

  我和李瑞敏教授是相识多年的好朋友。他长期从事交通管理教学科研工作，对我国的城市交通管理有着深入的研究。

  读罢此书稿，思忖良久。在本人将近40年的从业生涯中，有幸见证了祖国交通事业的历史巨变与大道畅通的瞩目成就。然而，当我们眺望前方，如何实现从"注重速度规模"到"注重质量效益"的发展转变，如何将需求导向、重视基础、公平普惠等理念切实地引入交通管理工作，仍然是交通从业者不可回避的问题与挑战。也许，只有当我们真正立足于交通管理工程实践的客观规律，才能进一步乘着时代和技术发展的东风，扎实、精细、科学、有序地开展交通管理工作。恰如此书，在一个个交通需求管理实证案例中探寻本质与机理，在大规模数据驱动的量化方法中产生有价值的决策支持建议。

  在过去的交通管理决策中，直觉和经验或许就已经够用了；然而，时代已变，随着交通供需矛盾日渐突出，经验直觉式的交通需求管理决策方式已难以适应发展的要求。庆幸的是，时代在抛出新问题的同时，也给了我们新的解题对策——以海量数据之基础，促管理决策之科学。当前，数据分析正以我们从未想象过的方式影响着我们的日常生活和社会经济的高质量发展。在数据时代的交通系统中，每个交通要素和参与者既是原始数据的生产者，同时也应该成为数据价值的受益者。这便要求交通管理决策需要不断地向实证数据支撑来转变，更理性地分析问题、更精准地把握需求、更有效地解决基础问题，促进自下而上的"数据生成"与自上而下的"价值反馈"之间的互动，让交通管理者和参与者通过海量数据完成无形但客观的对话。

  本书展示了国内领先的交通管理科研团队依据较大规模数据进行深入分析所

取得的部分成果，主要聚焦于各类交通需求管理政策效果的实证分析。大规模数据的融入，起到了"与古为新"之效，使得交通需求管理政策类的研究能够摆脱单纯的经验判断，从宏观和微观不同层面揭示交通需求管理政策的实际影响，亦能辨识政策之下的群体行为反馈特征。在这之中，实证数据扮演了重要的沟通渠道，将交通参与者的态度悄无声息地传递给交通管理者，从而促进了交通需求管理政策的不断迭代与完善。

李瑞敏教授、刘志勇博士以缜密、鲜活的案例分析方式，向我们展示了典型交通需求管理政策下的实证数据研究成果，内容涉及大型活动下限行政策的影响、日常条件下限行政策的影响、限行政策的绝对威慑作用与限制性威慑作用、路内停车收费政策的影响、公共交通免费政策的影响等。在这些案例中，实证数据能够帮助我们站在更全局、更客观的视角，观察交通需求管理政策之下的种种细节，刻画政策影响的深度和广度，还原政策之下的群体态度，挖掘交通工程领域的本质规律，形成具有前瞻性、针对性、建设性的政策建议。

本书为数据时代交通需求管理决策的精细化、科学化转型提供了重要思路，展示了丰富的政策定量分析方法以及严谨且生动的政策现象解读，是本领域的一部佳作，案例典型、图文并茂、通俗易懂，有助于读者了解相关领域的发展，并可为我国交通需求管理领域的发展提供借鉴。

王长君
2024年6月

前言

2008年北京夏季奥运会前,因科研项目原因,作者有机会接触到大量的交通检测数据。在那个"大数据"还在萌芽的时期,作者通过对数据的使用,深刻感受到海量检测数据在交通研究中的价值。与此同时,用于支撑数据分析的计算技术与工具也在不断发展,遂有感而发,形成了有关"计算交通"的一篇文章,并从此以后在"数据+计算"的理念指引下从事了大量的研究与实践工作。其中,在"大数据"支撑下的城市交通需求管理政策实证研究方面的持续工作,促成了本书的形成。

各种各样的城市交通政策是推动城市交通系统可持续发展的重要基础,尤其在交通基础设施建设日渐完善且无较大扩展空间的情况下,采取何种交通政策来引导、推动和形成合理的城市交通系统供需结构,是在未来城市交通系统发展中亟须思辨的话题。此外,某些城市交通政策的影响又是复杂且深远的,其效果在差异化的群体、时间、空间等维度下往往是非线性的,同时受城市发展、设施变迁、出行者更迭、技术的进步等因素的影响,交通政策对出行行为的长短期弹性影响存在差异,主观判断或易讨论,但政策的定量效果的估计则是一种挑战。

交通政策的效果估计的一种常用方法是问卷调查。例如在政策实施前通过问卷调查来估计可能的出行者反应和潜在的交通改善效果;在政策实施后通过问卷调查来分析实际产生的影响。但是,问卷调查的系统性误差也比较明显,一方面被调查者出于主观或客观原因往往难以反馈真实信息,另一方面调查手段受限条件下的样本规模和代表性亦有局限。

近年来,城市交通系统获得的日渐丰富的多源数据为交通政策效果的实证研究提供了强有力的支撑。利用大范围、自动化的交通数据采集工具,可以持续性采集政策实施前后一段时期内交通系统多个方面的特征数据，从而为交通政策效果的实证分析提供可靠的数据来源。杰弗里·韦斯特在《规模》一书中写道："物理学和生物学取得巨大进步的一个主要原因是，人们可以操控正在研究中的系统以检验源自假设、理论和模型的定义明确的预测和推论。"而近年来，交通领域的数据技术发展使得整个城市交通系统几乎可以作为一个实验系统来为各种交通政策的实施提供效果估计的实证，即实施城市交通领域的大规模自然实验，从而更好地促进对交通政策的实质理解。

本书内容基于作者多年来在该领域的研究成果，针对国内部分典型的城市交通需求管理政策的数据实证效果分析进行了梳理。学术成果的发表往往基于长时间的工作，但发表之后可能只有少量的学者和学生会阅读相应的论文成果，而需要利用或参考研究成果来制定相应政策的相关人员却可能永远无法看到相应论文。因此，本书的成稿希望研究成果能够推动实际应用。

在本书中，可以看到如下一些问题的实证结果：更为严格的限行措施可以带来什么样的影响？不同的车辆类型在同样的限行政策下有什么样的行为转变？路内停车收费单价的调整对停车行为有什么样的影响？公交免费会给城市交通系统各方面带来什么样的影响？小汽车限行政策又会给其他多种出行方式带来什么样的影响？

总结梳理多年的交通数据实证研究工作，作者认为交通数据之于交通研究的四个价值层面为"描述现象、探究机理、预测未来、辅助决策"，最终目标是形成四个层面的闭环与贯通以支撑交通系统的发展。因为条件所限，本书只能依靠已有的数据在前两个层面多多探讨，而后两个层面则需要在未来的工作中通过政策制定的前期介入、持续跟踪，以验证前期工作的科学性和可靠性。

受制于数据还不够全面、不够丰富、不够细致，有些问题的研究方法也相对简单，例如有的研究只是基于数据应用了单差法等，相关研究结论的精准性可能还有待斟酌，同时因为只是选择了有实证数据的案例城市，结论虽可以供其他城市参考，但相同政策在不同城市的影响未必完全一致。希望未来有更多的实证案例来丰富交通政策的效果研究。

当然，在研究过程中，也会出现类似"非预期后果法则"的现象，例如公交免费一定会增大乘坐量？限行措施一定会减小路上交通量？在某些情形下并非如预期，并且可能引起其他的效应，亦是研究中颇有意思的发现。

本书的每章内容都有详细的研究过程，对于读书时间有限者，直接阅读每章最后的总结，亦可了解研究结论，但欲了解更为详细的分析和解释以及研究的对比等还需要进行全文的阅读。

感谢在数年研究中提供数据的各个单位和个人，感谢参与本研究方向的众多合作者，感谢人民交通出版社的编辑对本书出版的大力支持。

是为序。

李瑞敏

2024年6月

目录

第1章 概述 ··· 001
 1.1 城市交通的发展 ·· 002
 1.2 交通需求管理的发展 ·· 002
 1.3 交通大数据的发展 ··· 004
 1.4 基于大数据的交通需求管理政策研究 ····································· 009
 1.5 本章小结 ·· 012
 本章参考文献 ·· 012

第2章 北京夏季奥运会期间交通管制政策影响 ·································· 015
 2.1 小汽车限行政策概述 ·· 016
 2.2 奥运交通简介 ··· 020
 2.3 数据来源 ·· 025
 2.4 政策效果分析 ··· 026
 2.5 其他相关研究 ··· 043
 2.6 本章小结 ·· 044
 本章参考文献 ·· 045

第3章 差异化限行政策的交通影响 ··· 047
 3.1 概述 ·· 048
 3.2 实证分析框架 ··· 049
 3.3 场景及数据 ·· 052
 3.4 政策影响分析 ··· 055
 3.5 本章小结 ·· 067
 本章参考文献 ·· 069

第4章 限行政策的威慑作用与公众的遵从行为 ················· 073
    4.1 概述 ··· 074
    4.2 相关研究 ··· 077
    4.3 限行政策的长期威慑作用 ······························· 079
    4.4 限行政策下的非遵从行为特征 ··························· 089
    4.5 本章小结 ··· 105
    本章参考文献 ··· 107

第5章 路内停车收费价格调整的影响 ··························· 113
    5.1 概述 ··· 114
    5.2 南宁市停车政策及数据 ································· 118
    5.3 停车时长特征 ··· 122
    5.4 停车位周转率分析 ····································· 129
    5.5 二次价格调整后的停车特性 ····························· 135
    5.6 本章小结 ··· 140
    本章参考文献 ··· 142

第6章 不同公共交通优惠政策的差异化影响 ····················· 145
    6.1 概述 ··· 146
    6.2 公交免费政策 ··· 147
    6.3 研究方法和数据 ······································· 150
    6.4 结果分析 ··· 155
    6.5 鲁棒性检验 ··· 158
    6.6 讨论和启示 ··· 160
    6.7 本章小结 ··· 163
    本章参考文献 ··· 164

第7章 车辆限行政策对城市交通系统的影响——以郑州市为例 ····· 169
    7.1 概述 ··· 170
    7.2 研究数据 ··· 172
    7.3 限行政策影响 ··· 177
    7.4 本章小结 ··· 190
    本章参考文献 ··· 191

第1章

概 述

1.1　城市交通的发展

城市交通系统历来是城市良好运行的重要基础,无论是"城廓不必中规矩,道路不必中准绳"❶,还是"匠人营国,方九里,旁三门,国中九经九纬,经涂九轨"❷,即使对城市路网形态的理念有异,但也都强调了城市道路系统的重要性以及对城市的影响。

时至今日,城市交通系统已经成为一个由轨道交通、道路系统、公交、各类出租汽车、自行车以及场站枢纽等构成的综合性复杂系统,对于大城市而言尤为如此。以北京市为例[1],截至2022年底,全市地铁运营线路达27条,运营里程增至797.3km;市郊铁路4条,运营里程400km;城区公共汽(电)车线路总数增至1291条,运营线路长度30174km,运营车辆23465辆;城区道路长度共计6209km,总面积达10892万m^2;私人小微型客车保有量达到493.2万辆;中心城区居民出行量较往年有所下降,工作日出行总量为3394万人次(含步行)。城市交通系统强有力地支撑了城市的社会经济发展。

1.2　交通需求管理的发展

百余年来,私人小汽车的不断发展使得小汽车出行已经成为城市居民出行的重要方式,小汽车出行在给居民出行带来舒适、便利等的同时,也不可避免地产生了事故、拥堵、能耗、污染等方面的问题。因此,伴随着小汽车的使用,众多相关部门和人员在应对小汽车产生的各类问题方面开展了持续而大量的工作。

以应对交通拥堵为例,虽然城市道路交通拥堵展现出一些"顽固"特性,例如:"一旦高峰期拥堵出现了,那么建造更多的道路,其通行能力也无法完全消除之"等[2],但是人们也一直在探索应对城市交通拥堵的各种方式,从规划到建设再到运行优化等,其中一个重要的方面就是交通需求管理(Transportation Demand Management 或 Travel Demand Management,TDM)。

顾名思义,交通需求管理就是通过为出行者提供多样化的出行选择,如工作

---

❶ 出自《管子·乘马》。

❷ 出自《周礼·考工记》。

地点、工作时间、出行路线、出行时间和方式等,来对出行需求进行抑制或调节。城市交通出行的总需求由个体出行者的出行选择所决定,而个体出行者的出行选择则包括是否出行、目的地选择、出行方式选择、路径选择、出行时间选择、设施利用选择(例如选择不同类型车道、不同类型停车设施)等方面。交通需求管理就是用各种可能的手段来影响出行者在这些方面的选择,从而调整交通需求,以尽可能实现整体与局部范围内交通供需的平衡。

作为一个较为明确的概念,交通需求管理最早出现在20世纪70年代,主要由于当时的能源危机使得私人小汽车出行成为明显问题,需要进行出行结构的调整。之后欧洲、美国、日本等国家和地区中机动化程度较高的城市都在探索如何通过调整交通需求来优化交通系统运行。

进入21世纪之后,城市扩张加剧、城市人口快速增长以及机动化程度进一步提高,出于对环境的担忧,城市政府及交通部门的规划者、管理者等开始加强对交通需求管理的研究、探索及应用。时至今日,全球众多高峰期面临小汽车交通拥堵的城市都在探索各种交通需求管理措施,以减少高峰期对单人驾/乘车出行方式的依赖,并鼓励更为智能化、更为高效率的出行选择。

实施交通需求管理战略的目标不仅仅是管理人们的出行方式,还关系到城市社区的整体健康和福祉。具体目标一般包括减少交通拥堵、节能减排、改善社区健康水平、实现交通公平、提高城市宜居性、解决停车问题、加强社区安全、帮助农村地区的通勤者、使替代性交通更经济实惠等。

交通需求管理的措施有多种,有文献将其分为三类[3]:①道路交通服务系统改进措施,包括交通服务系统优化、轿车共乘、客车共乘、自行车和行人交通设施完善等;②鼓励和限制措施,包括企业支持措施、高占用车道优先通行措施、经济刺激、停车场建设和收费管理、交通拥堵收费等;③弹性工作制,包括弹性工作时间、压缩周内工作日、电子通勤(居家办公)等。

在过去的40多年中,前述各种交通需求管理措施在不同的城市得到了不同程度的应用。笼统来看,一些交通需求管理措施实施后,道路交通系统的运行情况得以改善。这些措施多为采用高效的运输方式,并减少私人小汽车的使用。而为了获得定量的影响结论,研究人员主要通过问卷调查[4]、理论分析[5]以及案例研究对各种TDM措施的有效性进行了调查。Lee等人[6]报道了2002年韩国首尔韩日世界杯期间实施私人小汽车单双号行驶政策的影响。结果表明,在这15天里,交通量平均下降了19.2%,车辆平均速度提高了32.1%,90.5%的车辆遵守了强制停驶规定。Guo 等人[7]在北京中非合作论坛期间，通过偏好调查、公交和地铁运营公司的数据以及一些安装在道路上的交通检测器的数据，研究了 TDM 措施对交通运行的影响。研究结果表明，在早高峰和晚高峰期间，平均车速分别提高了 7.4% 和 15.6%。

1.3 交通大数据的发展

"大数据"（Big Data）一词最早主要是表征那些无法用传统的结构化数据库来进行管理和处理的非结构化或半结构化数据，但是在过去十余年中，除了视频、图像数据量的极大增加外，交通运输领域中各类结构化数据也有很大的增长量，在日常交流中，相对大量的结构化数据也往往被冠以"大数据"之称。为简化表述，本书在此不作严格区分，笼统以"大数据"表达。

在当前交通基础设施建设资源有限、城市化进程不断发展、机动化程度不断提高的背景下，大数据被认为是进行交通系统发展创新的重要基础，是实现安全、低碳、高效、宜人交通系统的重要手段。普遍认为，将大数据应用于解决交通问题，将产生以前无法通过传统交通数据集获得的新见解。

1.3.1 典型交通大数据类型

数据从来就是交通政策出台、交通规划制定、交通运营优化的重要基础，传统的交通工程更多地依靠人工调查、断面检测设备等进行时间、空间及对象上的抽样调查，以支撑相应的工作。近年来，随着各类先进的数据采集技术的发展，尤其是近 20 年来，涌现出多种新型的交通领域的数据源，可以为交通系统的发展提供良好的支撑[8]。按照数据来源，目前的交通大数据大致可分为物联网数据、检测器数据、交易数据、社交媒体数据等[9]。交通大数据的分类方法很多[10]，在此简单介绍几类有代表性的数据[11]。本书介绍的交通大数据类型主要聚焦道路交通方式，兼顾部分地铁、公交等，对于水运、铁路、航空、管道等未作详尽考虑。

1）卫星定位轨迹数据

以全球导航卫星系统（Global Navigation Satellite System，GNSS）轨迹数据为代表，此类数据可以通过 GNSS 记录仪、智能手机应用程序、可穿戴技术以及车载技术等来获得。基于GNSS以固定时间间隔记录精确位置的方式，已经被公众使用了30余年。以全球定位系统（Global Positioning System，GPS）为代表，该技术最初用于专用设备，但目前已经嵌入许多移动终端。我国近年来也建成了覆盖全球的北斗卫星定位系统（Beidou Navigation Satellite System，BDS），它将在未来的交通系统中发挥越来越重要的作用。

卫星定位轨迹数据主要记录各类对象连续、实时的位置信息。除此之外，结合其他感知终端与系统，如智能手机中的各种专用应用等，抑或结合其他类型数据，如个人信息与天气信息等，便可以在多个领域发挥相应的作用。

2）"智能"票务及交易数据

以智能公交卡、高速公路电子不停车收费等为代表，近年来基于智能手机的票务及交易模式也越来越多。公共交通、铁路、航空等领域不断普及各类智能票务，实现无缝、无票出行。例如，我国已经建立了覆盖全国数百个城市的交通联合一卡通互联互通服务，"出行即服务"（Mobility as a Service，MaaS）的应用试点也不断涌现。

智能票务与交易模式产生了规模庞大的出行数据，在用户出行开始和结束时记录了进入和离开交通系统的时间，同步记录了位置与个人信息等，因此可以对个人的出行过程进行较为精准的识别与刻画。当然，受制于收费模式的差异，此类数据有时在完备性和准确性方面可能有所不足。例如，对于乘坐公交的出行者，如果下车不需要刷卡，虽然可以通过一定的方法进行估计，但也难以精准获得各个乘客的出行终点。

3）移动网络连接数据

以移动电话呼叫数据、局域网数据、近场通信［例如，无线射频识别（Radio Frequency Identification，RFID）、蓝牙、移动热点（Wi-Fi）等］数据等为代表，每当各类通信设备（计算机、手机等）连接到网络时，连接事件会被记录下来，并进行空间标记和时间标记。从带有时序属性的连接事件中可以推断出个人的出行路线。

当然，由于网络点位（例如移动通信基站等）是有限的，因此有时无法提供准确的位置或完整的行程轨迹。此外，移动网络连接数据能否完整刻画出行轨迹也取决于用户是否处于活动状态。

4）多媒体（语音、文本、图像、视频）数据

目前，多媒体数据感知终端的种类与规模在迅速增加，可穿戴设备（如智能

手表、手环）、监控设备（如车载摄像头、闭路电视）、卫星和航空测绘系统（如卫星地图）、社交媒体（如微博、博客）以及其他网络内容（如百度搜索）等，均为交通领域提供了重要的数据源。

针对连续的、有地理标记和时间戳的多媒体数据进行分析，可以揭示群体或个体的交通行为。使用视频和图像设备进行监视在我国交通管理领域的应用已经非常成熟，例如有代表性的车辆智能监测记录系统（俗称"卡口系统"），收集了大量可用于各类研究的数据[12]。同时，人们也越来越多地在社交媒体和其他网络内容留下了"数字足迹"和事件驱动的多媒体信息，虽然此类信息尚存在抽样率、完整性等方面的问题，但是亦在交通研究中得到了关注[13]。

当然，前述各类大数据都涉及用户个人信息，因此，鉴于对隐私等问题的考虑，目前在应用前述数据进行各类研究、实践的过程中还存在多种限制。

1.3.2 交通大数据应用领域

道路交通运输领域大数据的应用方向主要包括识别与检测、出行行为分析、交通预测、交通安全、交通系统评估与优化等方面[14]。

1）识别与检测

对特定物体的识别与检测是两种非常相似的技术，但二者在具体的执行过程中有所不同。交通物体的识别是指识别各种物体的固有信息，包括但不限于车牌、交通标志、驾驶人、车辆（品牌、型号）的属性信息等。比较而言，特定物体的检测不仅仅要识别物体信息，还需要对其进行各类状态（如定位等）的判断。对特定对象的检测在当前的智能交通系统领域有着极为广泛的应用，例如各类异常交通事件的检测、动态交通标志标线的自动检测以及对驾驶人异常驾驶行为的检测等。

2）出行行为分析

出行行为分析是城市规划、交通规划等工作中的重要课题[15]，例如交通规划从业者持续努力开发模型来预测人们在时间和空间上的旅行方式选择偏好，公共交通机构则试图了解影响出行选择的相关因素，而政策制定者则期望通过对出行行为的理解和把握来更为有效地分配交通资源。

数十年来，各种类型的交通调查一直是获取出行行为数据最常用的方法。例如，居民出行调查是最为典型的交通调查方法，但这种方式不可避免地存在劳动密集、易出错、不合算等问题。交通大数据的出现和普及为丰富可用数据、分析出行行为提供了另一种选择。出行行为分析是交通大数据能够发挥作用的重要领域，各类大数据的出现使得对于交通系统的监测从原来间断的、抽样的、局限的宏观数据向着连续的、全样的、精细的微观数据转变。因此，交通大数据为个体出行行为的分析提供了良好的数据基础，目前已经广泛用于各类出行方式的出行行为分析[16]。

3）交通预测

长久以来，预测一直是交通运输领域中非常重要的内容，例如交通需求预测是支撑交通规划的核心基础。而近年来随着智能交通系统的发展，对未来短时的交通状态和条件进行准确预测也成为众多研究与实践人员非常感兴趣的主题[10]。对于道路交通流速度、旅行时间和交通量等特征参数的预测在多个智能交通系统中发挥着重要作用，如智能交通信息服务系统、智能交通管理系统等。当然，在智能交通系统领域中的预测不仅仅限于交通流特征参数的预测，还包括对交通拥堵状态、交通事故风险的预测等。

4）交通安全

大数据方法在智能交通系统中的另一个重要应用领域是交通安全[17]。交通事故通常被视为受人类行为、道路设计、交通状态和天气条件等因素影响的随机事件。然而，随着各类数据的日渐丰富，可以利用与交通事故相关的大数据来开展道路交通安全状况实时监控等。此外，大数据也丰富了事故相关的数据集和数据类型，通过对交通事故相关的各类数据进行分析来识别事故致因已经成为当前研究和应用的主要领域。基于此类分析，道路交通管理者可以通过尽早发现事故致因或风险模式来预防事故，并动态实时地向驾驶人发出预警。同时对于交通基础设施而言，长期实时连续的大数据有助于发现基础设施的潜在风险，帮助运维部门作出科学的决策[10]。

5）交通系统评估与优化

全样、连续的交通大数据能够对各类交通系统进行较为全面、精准的状态分析及性能评估。例如，近年来国内外兴起的基于浮动车数据为主的城市道路及高速公路的拥堵分析、公交运行分析[16]等。

此外，通过大数据对交通系统开展更为精准的认知和预测，可以帮助决策者在交通系统运营效率、战略资源规划、性能和服务质量提高等方面作出更好的优化决策，从而以更为经济的方式为用户提供更优质的服务。因此，交通大数据在各类交通系统优化工作中变得越来越重要。

6）其他应用

各种各样的交通大数据在交通系统相关的多个领域得到了广泛应用，除前述的典型应用领域外，在交通规划、路径诱导、基础设施建养维护、交通政策实证分析等领域亦有较多的研究与应用[14]。出于篇幅所限，在此不再一一赘述。

1.3.3 大数据的分析应用层次

基于前述交通大数据的一些具体应用，结合多年来的研究与实践以及现实中对交通系统的认识和决策等，总结目前交通大数据的分析应用主要集中在如下四个层次。

1）描述现象

交通大数据的最基本的、最广泛的应用是对交通现象的描述，包括对出行模式、出行行为、交通流状态、服务水平、性能指标等的统计分析和挖掘。本层次主要使用的是描述性分析方法，基于计量统计、模式识别、机器学习（如聚类等）等方法进行分析，以发现数据中的常规模式。该类应用致力于总结、浓缩或解释所收集数据彰显出的现象，即基于能够获取的数据去除所有无意义的信息之后，以聚类或拟合统计分布等形式推断出交通领域中的规律性现象（即模式）。描述现象层次是目前交通大数据较为初级却最为普遍的应用层次。

2）探究机理

该类分析往往融合多源多类数据，通过应用相应的模型与算法，来实现不同数据要素/变量之间的相关性及因果性分析，进而探究某些交通现象背后小样本数据难以揭示的本质机理。例如，定性或定量得到观察元素与目标变量之间的关系，包括相关、因果关系等，从而为未来的推断和预测提供理论支持。

3）预测推演

基于对观测元素与目标变量之间关系的机理分析，构建体现相互关系的最佳模型，完成从特征或因子到目标变量的关系映射，经过训练、测试后，可以实现根据新的数据源预测尚未出现的目标变量的结果。目前常用的方式就是基于大量的历史数据构建面向未来的预测模型。在该领域已经出现了大量的研究，目前一个问题是需要在历史交通数据的基础上构建具有自适应能力的预测模型。

4）辅助决策

认识世界的目的是改变世界，通过利用大数据实现对交通系统的现象描述再到预测推演，更为深层次的目标是辅助优化决策，以使得交通系统得以更好地规划、设计、建设、运营、管理及维护等。因此，在该层面，将采用各类优化方法，例如运筹学方法、智能计算方法等，基于对现状的精准认识和对未来的可靠预测，在一系列潜在方案中选择最优的行动方案和决策建议，从而从多个层面改善交通系统的发展。

当然，目前交通大数据的应用虽已全面展开，但是大数据也面临众多的挑战[9]。例如数据获取、数据质量、数据错误、数据清洗、数据时效性、数据异质性、数据可视化、数据生命周期、数据存储及网络问题、兼容性、数据隐私和安全、数据集成、数据采集和应用的伦理问题等。

1.4 基于大数据的交通需求管理政策研究

就理论而言，交通需求管理政策能够减少出行需求，尤其是小汽车出行需求，这对于改善道路交通流运行状况等具有良好的作用。然而，由于出行惯性、出行模式特征差异、特定需求等因素的影响，改变出行者（尤其是高峰期间的通勤者）的习惯、态度甚至文化是一项艰巨的任务。因此，尽管交通需求管理的出发点非常好，但是实际效果如何，还需要进行相应的评估验证。

受制于数据获取手段，对交通需求管理政策效果的估计曾经主要是基于各类抽样调查来进行分析，而基于海量大数据的实证研究则较少见。近年来，随着交通大数据的日渐丰富，某项交通需求管理政策的实际影响效果可以通过政策实施前后积累的海量数据进行分析研判[18-19]。由此，各类交通需求管理措施的实际效果得以进行实证研究。从研究成果数量来看，当前关注交通需求管理措施对空气质量、污染物排放等的研究占比较大，这与当前的研究热点不无关系。本书则主要关注交通需求管理对交通系统本身的影响，相对而言，这一方面尚未有较多成果。

1）国外工作简述

保罗·J.伯克[20]使用了2008—2015年间印度尼西亚的Jasa Marga及其子公司运营的19条收费公路的月度数据，计算了印度尼西亚历史性的燃油补贴改革对机动车出行的影响。在对可能影响交通量的一系列其他因素进行控制的前提下，使用月度数据进行的估算表明，道路上机动车流量的即时燃料价格弹性为-0.1，如果考虑一年内的反应，则价格弹性变化到-0.2。基于这一估计，印度尼西亚在2013年和2014年进行的燃料补贴改革使得道路在2015年下半年的交通压力相对于没有改革的情况减少了约10%。

有学者[21]研究了雅加达停止高乘员车辆（High-Occupancy Vehicle，HOV）政策的影响。雅加达从1992年开始长期实施HOV政策，规定早晚高峰期（7:00—10:00，16:30—19:00）在城市中心商务区部分主干道上的小汽车至少搭载3人，但是在2016年4月该政策突然宣布终止。研究人员利用通过谷歌地图从安卓手机上收集的匿名交通速度数据，对政策实施区域及周边数条主要道路进行了分析，结果发现取消HOV政策后，早高峰的延误时间从2.1min/km上升到3.1min/km，晚高峰则从2.8min/km上升到5.3min/km。该政策的取消导致了整个城市的交通状况恶化，甚至波及从未限行的道路或从未实施限行的时间段。另外，也有学者[22]评估了雅加达突然停止HOV政策对公共交通的影响，以期发现交通系统中潜在的相互依存关系。针对政策改变前后整个城市的快速公交系统（Bus Rapid Transit, BRT）客流量开展调查统计，分析结果显示高峰时段的客流量明显增加，尤其是晚高峰。不过，增加的幅度取决于该地区是否受到最初的政策的限制。该研究表明，针对某一种交通方式的政策变化可能会波及其他交通方式。

基于米兰市道路收费政策的变化，利用多类检测数据，有学者[23]分析了收费政策的实效和影响。2008年米兰市开始在中心区进行道路收费，2012年初调整收费费率等，7:30—19:30进入中心区的车辆需要缴纳5欧元，后来有过取消、重启收费的过程，为研究收费的交通影响提供了自然实验的环境。基于检测数据，研究结果发现道路收费对交通的影响体现在如下方面：部分出行者会改变出行时间，例如提前到收费期前（7:30以前）或推迟到收费期后（19:30以后）出行；收费期间早晚高峰的交通量有所下降，但9:00—15:00之间的流量无明显变化；在空间上，距离收费区域很近（例如不超过2km）的外围非收费道路的交通量在收费期间明显上升，与伦敦市2003年开始收费后的现象一致[24]；在城市内，道路定价和公共交通可能存在替代性，在公交不发达的道路上，交通量受收费影响变化较大，在公共交通发达的道路上，道路收费对于减少交通量的效果可能有限；估计的收费长期弹性约为-0.3，即收费价格每增加1%，进入收费区的机动化出行会减少0.3%。

新加坡一直以来以其实施的拥堵收费政策等在交通需求管理方面而闻名。2013年，新加坡对其收费政策进行了涨价调整。针对这一情况，有学者利用海量的公交刷卡数据研究了收费上升对于公交客运量的影响[25]，利用差分法（Differences-in-Differences Method，DID）发现，在2013年的拥堵收费价格上涨后，在受影响的收费入口区域，公交客流量在上午时段增加了12%~20%，在傍晚高峰时段增加了约10%。拥堵收费挤压的需求在早高峰更倾向于通过其他交通方式完成出行，这在一定程度上体现了通勤者在早高峰的出行比傍晚价格弹性低、抑制难度大；公交乘客量的增加至少在两个月内具有长期效应，且来自低收入区域的乘客对提高拥挤收费的反应更强烈。

2）国内工作简述

2000年以来，由于城市化、机动化的快速发展，我国众多城市在应对城市交通拥堵等问题的过程中也结合城市特点、事件需求、发展阶段等，实施了多样化的交通需求管理措施。近年结合大数据的发展，学者们也进行了基于海量数据的交通需求管理措施效果的定量评估。

基于居民出行特征调查数据、道路交通量断面流量数据、公共交通断面流量数据、出租汽车轨迹定位数据（反映道路车速）等，邹哲等人[26]评估了天津市机动车限购、限行政策的影响。天津市的"五日制"限行措施使得中心城区内小汽车日出行量变为189万车次/日，同比下降8.1%。但不容忽视的是，小汽车日均行驶里程增长为25km，同比增长13.6%，且限行时段之外的机动车出行量有所增加。尽管如此，道路平均行程车速有明显提高，根据出租汽车轨迹定位数据分析可知，全年干路网高峰小时平均行程车速达到25.3km/h，同比增长14.9%。

为给第八届全国残疾人运动会在杭州举办营造良好的交通环境，杭州市政府决定自2011年10月8日起在市区主要范围内实施"错峰限行"等交通管理措施。基于限行后6个月的浮动车数据、道路断面检测器数据、路边停车数据等，杭州市综合交通研究中心[27]对限行措施的效果进行了评估。分析结果显示，总体来看，道路交通量早高峰下降7.9%，晚高峰下降3.1%，但非高峰期（限行时段外）交通量有所增加。干道平均车速早高峰上升17.4%，晚高峰上升12.3%。非限行时段的交通拥堵加重，个别受限行影响的道路（例如中河上塘高架）在限行初期改善效果非常明显，之后效果逐渐弱化。

1.5 本章小结

进入新世纪以来,一方面,随着城市道路交通压力的增加,各类交通需求管理措施的使用日渐广泛,但是其效果(包括短期、长期)如何还需要实证分析;另一方面,随着数据采集技术的快速发展,目前已经具备了对城市多种交通方式、道路网络交通量等开展全面监测的能力,连续、自动、完善的数据采集为各类交通需求管理政策的效果分析提供了实证的基础。因此,目前该领域的实证研究日渐增多。

在此背景下,本书结合作者多年来对不同交通需求管理措施的实证分析研究成果,融合国内外的类似案例,对多种交通需求管理措施的实际效果进行了梳理,以期为我国城市未来在交通需求管理措施的研究、规划、设计、实施与评估等工作提供相应的参考。

本章参考文献

[1] 北京市交通发展研究院. 2023北京市交通发展年度报告[R]. 北京:北京市交通发展研究院, 2023.

[2] DOWNS A. Still Stuck in Traffic [M]. Washington, D. C.: Brookings Institution Press, 2004.

[3] [作者不详]. 实施有效交通需求管理——TDM在美国[M]. 王刚, 编译. 北京: 中国人民公安大学出版社, 2004.

[4] GäRLING T, GäRLING A, JOHANSSON A. Household choices of car-use reduction measures[J]. Transportation Research Part A: Policy and Practice, 2000, 34(5): 309-320.

[5] NAKAMURA K, KOCKELMAN K M. Congestion pricing and roadspace rationing: an application to the San Francisco Bay Bridge corridor[J]. Transportation Research Part A: Policy and Practice, 2002, 36(5): 403-417.

[6] LEE S, CHANG M, OH Y, et al. Traffic management techniques overview for 2002 FIFA Korea-Japan Worldcup in Seoul, Korea[C]. Proceedings of the 5th Eastern Asia Society for Transportation Studies, Fukuoka: 2003.

[7] GUO J, CHEN J, SUN J, et al. An analysis of impact of TDM measures on traffic op-

erations in Beijing[C]. Nanning: Proceedings of the The 6th International Conference on Traffic and Transportation Studies, 2008.

[8] ZHANG J, WANG F Y, WANG K, et al. Data-Driven Intelligent Transportation Systems: A Survey[J]. IEEE Transactions on Intelligent Transportation Systems, 2011, 12(4): 1624-1639.

[9] MATCHA B N, SIVANESAN S, NG K C, et al. Advent of Big Data in Urban Transportation for Smart Cities: Current Progress, Trends, and Future Challenges[M]// GUPTA G P. Convergence of Big Data Technologies and Computational Intelligent Techniques. Hershey, PA, USA; IGI Global, 2023: 1-60.

[10] ZHU L, YU F R, WANG Y, et al. Big Data Analytics in Intelligent Transportation Systems: A Survey[J]. IEEE Transactions on Intelligent Transportation Systems, 2019, 20(1): 383-398.

[11] HARRISON G, GRANT-MULLER S M, HODGSON F C. New and emerging data forms in transportation planning and policy: Opportunities and challenges for "Track and Trace" data[J]. Transportation Research Part C: Emerging Technologies, 2020, 117: 102672.

[12] LI R, LIU Z, ZHANG R. Studying the benefits of carpooling in an urban area using automatic vehicle identification data[J]. Transportation Research Part C: Emerging Technologies, 2018, 93: 367-380.

[13] ZHENG X, CHEN W, WANG P, et al. Big Data for Social Transportation[J]. IEEE Transactions on Intelligent Transportation Systems, 2016, 17(3): 620-630.

[14] KAFFASH S, NGUYEN A T, ZHU J. Big data algorithms and applications in intelligent transportation system: A review and bibliometric analysis[J]. International Journal of Production Economics, 2021, 231: 107868.

[15] WANG C, HESS D B. Role of Urban Big Data in Travel Behavior Research[J]. Transportation Research Record, 2021, 2675(4): 222-233.

[16] WELCH T F, WIDITA A. Big data in public transportation: a review of sources and methods[J]. Transport Reviews, 2019, 39(6): 795-818.

[17] AMIN M A, HADOUEJ S, DARWISH T S J. Big Data Role in Improving Intelligent Transportation Systems Safety: A Survey; proceedings of the Advances in Internet, Data and Web Technologies, Cham[C]. Beijing: Springer International

Publishing, 2019.

[18] 张晓阳, 徐韬, 张宜华, 等. 基于大数据的城市尾号限行方案设计与评估研究[J]. 交通运输系统工程与信息, 2018, 18(5): 233-240.

[19] 范晓威, 张勇, 徐志浩, 等. 世界军运会交通需求管理政策研究及实施效果[J]. 公路与汽运, 2021(2): 29-233.

[20] BURKE P J, BATSUURI T, YUDHISTIRA M H. Easing the traffic: The effects of Indonesia's fuel subsidy reforms on toll-road travel[J]. Transportation Research Part A: Policy and Practice, 2017, 105: 167-180.

[21] HANNA R, KREINDLER G, OLKEN B A. Citywide effects of high-occupancy vehicle restrictions: Evidence from "three-in-one" in Jakarta[J]. Science, 2017, 357(6346): 89-93.

[22] PAUNDRA J, VAN DALEN J, ROOK L, et al. Why is my bus suddenly so crowded? Spillover effects of the discontinuation of three-in-one policy in Jakarta[J]. Case Studies on Transport Policy, 2021, 9(3): 995-1005.

[23] GIBSON M, CARNOVALE M. The effects of road pricing on driver behavior and air pollution[J]. Journal of Urban Economics, 2015, 89: 62-73.

[24] SANTOS G. 11 - Urban Road Pricing in the U.K[J]. Research in Transportation Economics, 2004, 9: 251-282.

[25] AGARWAL S, KOO K M. Impact of electronic road pricing (ERP) changes on transport modal choice[J]. Regional Science and Urban Economics, 2016, 60: 1-11.

[26] 邹哲, 朱海明. 天津市机动车"限购、限行"政策交通影响评估[C]. 深圳: 2016年中国城市交通规划年会, 2016.

[27] 谭永朝, 高杨斌, 郑瑾, 等. 杭州市"错峰限行"等交通管理措施绩效评估技术研究与应用[C]. 北京: 第七届中国智能交通年会, 2012.

第 2 章

北京夏季奥运会期间交通管制政策影响

注：本章内容最初发表情况　Ruimin Li*, Min Guo. Effects of odd-even traffic restriction on travel speed and traffic volume: evidence from Beijing Olympic Games. Journal of Traffic and Transportation Engineering, 2016, 3(1): 71-81。

2008年北京夏季奥运会期间，一些交通需求管理策略被用来控制城市道路网络内的机动车交通量，其中之一是基于车牌号码的临时道路空间配给政策，即俗称的"限号通行"，是小汽车限行政策的一种典型代表。在密集的路网交通流检测条件下，该政策的实施可视为一个使用交通需求管理政策进行交通量控制的大规模实验，为研究人员提供了一个独一无二的机会来研究此类政策实施对道路交通网络运行状况的影响。本章以此为背景，基于北京市彼时在城市快速路和主干道路网上的众多交通流采集设备的检测数据，分析了奥运会期间限行管制对城市典型道路交通状况的影响。

2.1 小汽车限行政策概述

小汽车限行政策是一种在全球范围内广泛使用的交通需求管理方法，即通过对特定小汽车出行群体实施经济或行政的约束手段，以抑制、调整、优化小汽车在特定时间和空间范围的分布情况。该政策在大型城市、人口密集的商业中心较为常见。

2.1.1 小汽车限行政策类型

小汽车限行政策具有多样化的实施策略，依据限行策略的主要特征可以划分为以下3大类型：

（1）依据交通方式的限行策略：通过限制特定类型机动化方式的进入，达到在特定时间、特定空间内缩减交通需求的目的。例如，步行街道、步行街区在特定时段限制机动化方式的进入；城市主城区在特定时段限制大型货车的进入；高载客车辆（HOV）专用车道限制低载客车辆的进入等。

（2）依据交通成本的限行策略：通过提高特定区域的交通出行成本，实现抑制机动化交通需求的目标。例如，通过拥挤收费的形式提高交通成本，降低特定区域的机动化程度；通过收取高额停车费的形式，抑制特定区域机动化出行需求等。

（3）依据小汽车车牌的限行策略：通过区分车辆车牌特征，以行政和执法手段限制机动化交通需求。例如,"五日制限行"政策在每个工作日限制2个特定车牌尾号的车辆进入限制区域;"单双号限行"政策每天轮流限制尾号为奇数或偶数的车辆进入限行区域;"外地车牌限行"政策规定持有非本地车牌的车辆在特定时间内不能进入限行区域或道路等。

2.1.2 小汽车限行政策的优缺点

根据过去数十年对多种小汽车限行政策的潜在影响和实际效果等的研究,目前来看,小汽车限行政策对城市交通的积极影响主要表现为:

(1) 缩减限行期间和区域内的机动车交通量。
(2) 调节机动车交通量峰值分布。
(3) 调节城市/区域交通状态。
(4) 调整城市/区域出行结构。
(5) 促进公共交通/绿色交通发展。
(6) 促进共享出行模式推广。
(7) 缓解区域停车空间占用问题。
(8) 降低机动化交通对环境的外部性影响。
(9) 改善区域交通安全条件。
(10) 提升限行区域的宜居性和城市活力。

但是,小汽车限行政策也会产生一些负面影响:

(1) 鉴于限行措施和管理严格程度的差异性,违反限行政策的行为也屡见不鲜。

(2) 部分出行需求尚未被真正地消解,只是在时间维度上发生了出行需求的转移,例如限行日期的出行需求可能在非限行日期被满足,因而导致机动化出行者在非限行日期出行强度、出行距离有所提升。

(3) 对于社会经济发展状况较好的区域,限行政策可能导致人们购买备用车辆,以填补限行日期的出行需求。

(4) 小汽车限行政策的不合理实施会导致社会公众的反感态度。例如,限行政策之下缺乏替代出行方式的额外供给;政策的设计和实施环节没能保证交通效率的有效提升等。

与此同时,小汽车限行政策也可能带来一系列交通公平性的问题,亟须得到论证：

（1）以经济手段（例如交通拥堵收费）进行出行限制的策略，更容易被高收入群体接受，从而影响了低收入群体的出行公平性。

（2）涉及公共服务的机动车辆往往不受小汽车限行政策的约束，容易导致公共服务车辆的不合理使用问题。

（3）小汽车限行政策可能进一步降低了特殊群体的出行可能性，因为特殊群体出行替代方式相对较少。

（4）对于局部区域限行的策略而言，可能对其他区域产生交通外部性影响，导致非限行区域的交通条件变得恶劣。

因此，为了保证小汽车限行政策的有效实施，发挥其积极作用，降低其消极影响，有必要在政策的规划、设计、实施环节充分考虑交通各方参与主体的权利与责任，预先分析并量化限行政策的交通影响及各参与主体的行为反馈，合理决策限行政策所约束的时间范围、空间范围、群体对象、严格程度，同时做好限行政策的配套措施（例如限行的同时进行限购，优化公共交通服务，改善慢行交通空间，关注特殊群体出行，权衡执法公平性和效率性等），以保证小汽车限行政策长期有效地发挥作用。

2.1.3　部分小汽车限行政策实例

各类小汽车限行措施在国际范围内均得到了应用验证。

1）限制特定交通方式的策略应用实证

机动车禁入的步行街区、货车分时段禁入的城市中心区在国内各地较为常见；而限制"低载客车辆"驶入的 HOV 车道在国内尚处于初步应用阶段。

高载客车辆专用车道，即 HOV 车道，是指专门服务于车内载客 2 人及以上的机动车所行驶的车道，其实施意义在于鼓励共享出行，提高载运工具应用效率，促进集约化交通方式的渗透，防止个体机动化出行产生过度的交通拥堵及环境污染。

HOV 车道在 20 世纪 70~80 年代起源于美国。美国的第一条 HOV 车道出现于弗吉尼亚州北部的 Shirley 公路，该公路在 1969 年起初作为公交专用车道启用，后续在 1973 年对搭载 4 人及以上的共享出行车辆开放使用，成为 HOV 车道的首个应用实证案例[1]。此后，HOV 车道在美国的新泽西州、加利福尼亚州、明尼苏达州、马里兰州、华盛顿州、得克萨斯州、犹他州、密歇根州等地广泛应用至今。这一专供共享出行车辆使用的限行措施在荷兰、英国、西班牙、挪威、新西兰、澳大利亚、印度尼西亚等国家均有实施。

我国深圳自2016年开始推广应用HOV车道，至今仍在使用的有"滨海大道、滨河大道多乘员车辆专用车道"和"梅观大道多乘员车辆专用车道"，规定通行车辆须搭载乘员2人及以上。在2017年和2020年，成都和大连也分别开展了HOV车道的应用试点工作，鼓励提升机动车出行载客率。

HOV车道一般在单向三车道及以上的道路空间才能够实现配置；HOV车道的运营需要保证"多乘员车辆"的数量保持在合理的范围内，过多的"多乘员车辆"会降低HOV车道的用户体验，而过少的"多乘员车辆"则降低了道路的使用效率；此外，HOV车道的使用监管仍存在挑战。鉴于以上原因，HOV车道需要寻找适当的应用场景和实施策略，其普及难度相对较大。

2）提升交通成本的限行策略应用实证

拥挤收费是通过提升交通成本实现机动车出行限制的典型方法。通过对特定空间范围内的机动车出行者收取额外的费用，以达到抑制区域机动化出行需求的目的。

新加坡是全球首个实施拥挤收费的国家，1975年新加坡开始道路拥挤收费试点工作，1998年正式推广应用电子道路收费系统（Electronic Road Pricing，ERP），对进入特定区域的车辆进行动态实时收费[2]。后续，拥挤收费在英国伦敦、瑞典斯德哥尔摩、意大利米兰等少量城市得到应用。

鉴于拥挤收费会产生社会公平性问题、收费区域商业发展问题、交通转移问题等，该政策在全球的应用案例相对较少。纽约市宣布在2024年对曼哈顿的部分区域实施拥堵收费。

3）依据小汽车牌照尾号的限行策略应用实证

现有资料显示，20世纪70年代在奥地利实施了一项"无车日"政策，通过在小汽车风窗玻璃上贴日期标签的管理形式，规定每辆小汽车每周减少使用一天，对于违规者将处以较高额度的罚款，此政策的目的是应对石油能源危机[3]。当时的"无车日"政策，已经颇具小汽车尾号限行政策的雏形。随后，希腊的雅典（1982）、智利的圣地亚哥（1986）、墨西哥城（1989）、巴西的圣保罗（1995）、哥伦比亚的波哥大（1998）、哥斯达黎加的圣何塞（2005）、厄瓜多尔的基多（2010）等地均开展了依据车辆牌照尾号的小汽车限行措施，该政策在国际范围长期得到稳定推广实施。

由于依据车辆牌照尾号限行的措施有时在短期内有较为明显的效果，因此，在一些重要的大型活动中也得到了相应的应用，例如奥运会、世界杯等。

2.2 奥运交通简介

2.2.1 背景

2008年夏季奥林匹克运动会是2008年8月8日至8月24日在北京举行的重大国际体育赛事。作为世界上规模最大的盛会之一，夏季奥运会不仅聚集大量的参赛运动员及相关工作人员，而且能够吸引大量的国内外观众，因此，奥运会期间的交通服务被许多专家认为是世界性的交通大挑战。在这样一个特殊的盛会中，出行需求的特殊性（如高峰客流强度大、区域相对集中等）以及重大赛事交通服务所要求的可靠性、有效性、便利性和安全性等，都对奥运交通系统的管理提出了严峻的挑战。

为了确保在大型赛事期间交通系统能够提供可靠、有效和安全的交通服务，主办城市通常会制定综合性的交通战略，以应对所面临的严峻交通需求形势。典型的措施主要包括以下内容：

（1）扩建城市交通基础设施，包括扩建地铁和公交网络、扩建高速公路和铁路网络、开通奥运专线等。例如，2000年悉尼奥运会在奥运公园内新建了火车站和3.5km长的环形铁路，使之与市区的地铁线和周边的铁路线相连接；同时，临时开辟辐射全市的13条奥运公交专线等[4]。2004年雅典奥运会改造了市郊铁路网，扩建了地铁系统，奥运会开幕前夕开通了2条轻轨线路[5]。2012年的伦敦奥运会、2016年的里约热内卢奥运会等都针对奥运交通需求进行了包括地铁、轻轨等在内的交通基础设施的扩建工程。

（2）实施出行需求管理措施，包括免费停车换乘、企业错时工作、拼车和共乘奖励、远程办公、单双号车辆限行[6]等。例如，2004年雅典奥运会所有比赛项目的门票费用中均包括参观比赛往返车费，鼓励观众乘坐公交车前往比赛场馆，在交通运输控制措施中严格禁止观众乘坐私人小汽车到赛场参观比赛，同时特别强调在比赛场馆内外不设置私人小汽车的停放处[7]。国内部分大型活动的交通需求管理如表2-1所示[8]。

第2章　北京夏季奥运会期间交通管制政策影响

表2-1　大型国际活动及赛事中采用的交通需求管理政策

交通需求管理政策		第29届夏季奥林匹克运动会,2008.8,北京	第41届世界博览会,2010.5,上海	第16届亚洲运动会,2010.11,广州	第26届世界大学生夏季运动会,2011.8,深圳	第2届青年奥林匹克运动会,2014.8,南京	2014年亚太经合组织(APEC)峰会,2014.11,北京	2016中国杭州G20峰会,2016.9,杭州	2019世界军人运动会,2019.10,武汉
降低道路交通需求,增加交通系统容量	放假或调休	√					√	√	
	本地小汽车按车牌尾号限行	√		√			√	√	√
	货车、危化品运输车限行	√	√	√		√	√	√	√
	外地车辆限行	√							√
	鼓励减少出行、休假、共享出行、线上办公	√			√		√	√	√
调整交通出行结构及分布特征	增设公共交通线路及提高发车频率	√		√	√	√	√	√	√
	使用公交专用车道	√	√	√	√	√			√
	降低公共交通价格	√			√	√			√

续上表

交通需求管理政策		第29届夏季奥林匹克运动会，2008.8，北京	第41届世界博览会，2010.5，上海	第16届亚洲运动会，2010.11，广州	第26届世界大学生夏季运动会，2011.8，深圳	第2届青年奥林匹克运动会，2014.8，南京	2014年亚太经合组织（APEC）峰会，2014.11，北京	2016中国杭州G20峰会，2016.9，杭州	2019世界军人运动会，2019.10，武汉
调整交通需求结构及出行分布特征	鼓励搭乘公共交通工具、停车换乘、错峰上下班、弹性办公	√	√	√	√	√		√	√
设置专用车道路权保障	设置专用车道	√	√	√	√	√	√		√
采取交通管控及禁限	重要场馆周边区域交通管控	√	√	√	√	√	√	√	√
加强交通宣传，引导相关出行行为	大力宣传采用了该交通政策	√	√	√	√	√	√	√	√

注："√"表示采用了该措施。

(3) 应用智能交通系统，包括交通管理和旅客信息系统、事故响应管理系统、交通管理中心、道路/天气信息系统等。从1996年亚特兰大奥运会开始，智能交通系统就成为奥运交通体系中的重要组成部分，之后的各类大型活动如奥运会、国际足联世界杯、世界博览会等都建设有相应的各类智能交通系统。

为了在2008年夏季奥运会期间改善和提高社会交通及奥运交通服务水平，政府部门对北京市新的交通系统进行了大量投资，以扩大北京市的交通基础设施网络和改善北京市的交通管理系统。

在城际交通方面，北京首都国际机场新建了3号航站楼，北京南站经过两年的建设重新启用，全长120km的京津城际高速铁路开通，为外地观众往来北京提供了更大的便利。

在城市交通方面，北京地铁网络不断扩容，2008年奥运会前陆续开通了地铁5号线、地铁10号线一期工程、奥运支线（现8号线的一部分）、首都机场线等地铁线路。地铁整体规模扩大了一倍多，道路路网也大幅扩容。

在智能交通系统方面，北京市在奥运会之前建设了十大智能交通管理系统，以提高北京道路交通网络的运行性能，主要包括先进的交通管理和控制中心、事故自动检测系统、闭路电视监视系统、先进的区域交通信号控制系统、交通信号优先系统、可变信息标志、实时交通流预测预报系统等。

2.2.2 交通管制措施介绍

为了应对北京奥运会期间奥运交通需求以及缓解可能加重的交通拥堵问题，北京市除了扩建交通基础设施、启用智能交通系统以外，还实施了多种交通需求管理政策和措施，通过改善城市道路交通系统的运行模式来提高城市交通系统的效率。其中，对道路交通状况和空气质量影响最为明显的政策就是实行"单双号"限行政策，即在限制区域内，车牌号尾数为单数/双数的车主只能在单数/双数日期开车出行。

2008年北京奥运会期间临时交通管理措施的实施期限为2008年7月1日至9月20日，包括8月8日至9月17日的奥运会和残疾人奥运会时段[1]。

---

[1] http://jtgl.beijing.gov.cn/jgj/jgxx/gsgg/jttg/bjsgajgajtgljtg/336722/index.html。

在临时交通管理措施实施的第一阶段（2008年7月1日至7月19日），大约有30万辆的高排放车辆（俗称"黄标车"）以及30%的政府所拥有的车辆（俗称"公务车"）被禁止上路。同时，北京市政府还鼓励驾驶人在此期间避免使用摩托车。

在第二阶段（2008年7月20日至9月20日），开始实行"单双号"政策，同时北京市继续禁止"黄标车"上路，并建立了奥运专用车道网络。各级政府停驶了更多的公务车，在高峰时段，公务车的数量减少了70%。综合这些政策，总共使得全北京市有超过180万辆汽车（50%私人小汽车、所有的"黄标车"和70%的"公务车"）不在道路上行驶。根据五环快速路内出入口道路安装的交通监控系统数据，98%以上的车辆遵守了这些政策。

具体而言，2008年7月20日至8月27日，北京市对行政区域内的道路实施交通限行措施；2008年8月28日至9月20日，对五环快速路以内的路网实施交通限行措施。不受"单双号"政策限制的车辆包括：警车、消防车、救护车、工程救险车及执行任务的解放军和武警部队车辆；公交车和出租汽车；北京奥组委批准的奥运会专用车辆及其他车辆（如各类专用车辆），共计约15万辆。货车和其他重型车辆不得进入北京市中心，只能在六环高速公路通行。邮政车辆不在"单双号"限行政策范围内，但邮政货运车辆在6:00—24:00期间禁止在六环高速公路内道路（不含六环路）通行，货运车辆也是如此。拖拉机、低速载货汽车和三轮汽车，在6:00—24:00禁止在六环路以内道路（含六环路）行驶，在0:00—6:00禁止在五环路以内道路（含五环路）行驶。

为应对"单双号"限行所带来的出行影响以及应对外地游客所带来的交通压力，北京市在2008年奥运会期间也加强了公共交通系统的建设和运营。2008年7月20日（星期日），10条奥运公交线路开始运行，运送预期增加的乘客前往北京市内奥运相关的主要体育场馆。另外24条奥运公交专线于8月9日开通，至9月20日结束。新开通的线路估计每天运送约50万名乘客。

北京彼时350条公交线路也延长了服务时间，以适应"单双号"政策和奥运会吸引新增游客带来的出行模式变化。事实上，"单双号"政策实施后，北京市公共交通的出行比例从约35%提高到约45%，每天约有2000万人次乘坐公共交通出行。

2.3 数据来源

2.3.1 快速路检测器数据

自2000年前后开始,为了缓解北京市日渐严重的交通拥堵,同时为了能够在2008年奥运会期间提供高效运行的城市道路交通系统,北京市的道路交通管理部门——北京市公安局公安交通管理局建立了多种先进的城市交通管理系统,包括自适应区域交通信号控制系统、视频监控系统、可变信息标志、快速路匝道控制系统等。其中对于快速路系统,主要采用微波雷达检测器和超声波检测器设置了大量的交通流数据检测器。到2008年,北京市的快速路道路交通流检测系统已覆盖了11条放射线快速路和三条快速环路,分别为二环、三环和四环快速路。环路及放射线快速路上的交通流检测器的位置如图2-1所示。相邻两个检测器之间的距离从300m到1000m不等。

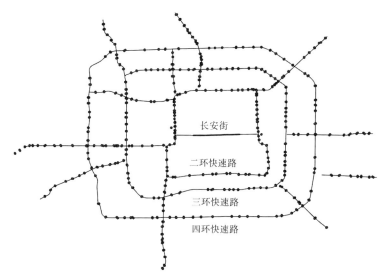

图2-1 北京市快速路检测器分布图

基于592个微波和超声波检测器,北京市的快速路交通流检测系统每2min收集一次交通流状态信息,包括断面交通量、平均速度和占有率,然后将这些数据传输到北京市公安局公安交通管理局的交通指挥中心。

本章采用的检测数据类型之一就是来自2008年北京市快速路上的592个检测器。第一组数据包括2008年6月2日至6月22日的3周检测数据，反映了"单双号"政策实施前的交通流运行状况。第二组数据包括2008年7月21日至8月30日（奥运期间为8月8日至8月24日）6周的检测数据，反映了实施"单双号"政策之后的交通流运行状况。

2.3.2 主干道检测数据

北京市四环快速路内有多条重要的交通干道，其日均交通量超过6万辆/日，最大日交通量达10万辆/日。在这些主干道上，主要采用了传统的感应式线圈检测器来为交通监控系统和城市交通信号控制系统提供数据支持。在这些主干道上，每个线圈检测器以30s为间隔提取累积的交通量和平均车速，并传输到北京市公安局公安交通管理局的交通指挥中心。

本章选择的主要干道的检测数据时间段为2008年6月1日至8月30日，选择了北京市一条最重要的交通干道——长安街，从复兴门到建国门的路段。

2.4 政策效果分析

2.4.1 限行车辆数量估计

为估计"单双号"可能带来的影响，首先需要估计一下"单双号"政策的实施在理论上每天可以限制多少车辆的出行。2008年奥运会之前，北京市机动车保有量达到335万辆，其中包括以下几类车辆：30万辆"黄标车"，每天全部禁止上路；30万辆"公务车"，其中70%每天禁止上路；15万辆不受"单双号"政策限制的特种车辆；260万辆私人小汽车和其他类型车辆，其中50%每天禁止上路。被禁止上路的车辆数量约为181万辆，占北京市登记车辆的54%。在此估计中未考虑摩托车等车辆。

2.4.2 快速路网络的交通量变化

图2-1中所示的快速路网仅占北京市道路网络总里程的5%左右，却承担了几乎超过30%的交通量。随着机动车保有量的快速增长，北京市快速路网的拥堵

状况日益严重。2002—2006年北京二环和三环快速路的年平均车速如图2-2所示，从图中可以看出，二环快速路的年平均车速从2002年的61.5km/h下降到2005年的53km/h，尽管2006年略有上升，但整体上保持了平均车速下降的趋势。三环快速路也展现出类似的车速下降趋势。

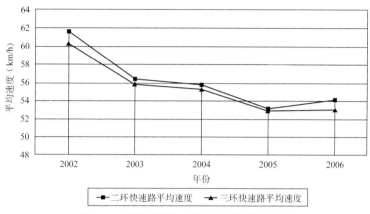

图2-2 二环快速路及三环快速路的年平均速度

下面主要对快速路网及三条环路（二环、三环和四环快速路）的交通流运行状况进行了比较分析。

2.4.2.1 快速路网总交通量

首先分析北京市快速路网中的592个检测器采集到的总交通量的变化情况。表2-2显示了"单双号"政策实施前不同日期的总交通量。

2008年6月的21天内592个检测器的总交通量　　表2-2

（单位：1000当量小汽车）

星期	时间			平均
	6月2日至6月8日	6月9日至6月15日	6月16日至6月22日	
一	27252	26441	27617	27103
二	27537	27480	27633	27550
三	28571	28287	28711	28523
四	28085	27687	27863	27878
五	30162	30283	30243	30229
六	26860	26995	27090	26982
日	25704	26210	26129	26014

从表2-2第2~4列可以看出，在"单双号"政策实施前，592个检测器在同一工作日的总交通量非常稳定。同一工作日的差异仅为0.4%（周五）~4.25%（周一）。周五是北京市最为拥堵的工作日，检测到的快速路网总交通量最大，比北京市快速路网日总交通量最小的周日多出16.2%。

表2-3显示了在实施"单双号"政策期间，592个检测器在不同日期的总交通量与表2-2第5列所示的日均总交通量相比的下降比例。

2008年7月至8月的41天内592个检测器 表2-3
日总交通量下降比例（单位：%）

星期	日期						后五周平均
	7月21日至7月27日	7月28日至8月3日	8月4日至8月10日	8月11日至8月17日	8月18日至8月24日	8月25日至8月30日	
一	12.16	28.58	34.48	37.33	35.83	45.70	36.38
二	1.99	20.20	27.16	30.63	28.53	41.71	29.65
三	1.35	20.14	27.61	27.68	27.10	39.11	28.33
四	4.92	19.15	25.84	28.63	26.98	41.25	28.37
五	21.78	24.16	38.85	25.45	21.60	38.68	29.75
六	28.99	29.07	35.74	29.13	33.67	45.16	34.55
日	30.70	37.21	40.50	38.90	49.99	—	41.65*
周平均	14.56	25.50	32.88	31.11	31.96	41.93	32.40**

注：* 后四周的平均值；
** 2008年7月28日至8月30日的平均值；
阴影部分（8月8日至8月24日）是奥运会举办期间。

表2-3中"单双号"政策实施之后的6周可分为四个不同的阶段，即2008年7月21日至7月27日、7月28日至8月3日、8月4日至8月24日、8月25日至8月30日，这四个阶段具有不同的特点。

在2008年7月21日至7月27日期间，可被视为"单双号"政策实施的初始阶段。该阶段快速路路网的总交通量的下降比例最低，尤其是在7月22日至7月24日期间，下降比例仅为4.92%，甚至更低。这一令人吃惊的现象可能是由于违反政策或其他不明原因造成的。

在2008年7月28日至8月3日的第二阶段，总交通量继续下降，可被视为"单双号"政策的发展阶段。该阶段交通量下降幅度高于第一阶段但明显小于第三阶段，这说明出行者开始逐渐适应限行政策。

第三阶段为2008年8月4日至8月24日，可被视为稳定阶段。该阶段为奥运会举办期间，除8月8日和8月24日（分别为奥运会开幕日和闭幕日）在奥运村周边采取了一些临时交通限制策略外，其他工作日592个检测器采集的总交通量均保持相对稳定。由于在开幕式和闭幕式期间，奥运村周边快速路网的部分路段禁止车辆通行，因此总交通量明显下降，降幅分别为38.85%和49.99%。

最值得关注的是奥运会结束后的2008年8月25至8月30日，即"后奥运"阶段，交通量出现大幅下降。从表2-3中第7列可以看出，8月24日闭幕式后各日的总交通量降幅均大于闭幕式前各日，原因可能是奥运会结束后，众多的奥运专用车辆停止运行，比赛观众产生的小汽车出行需求也随之消失。各工作日和周末的下降比例不同，周日最高（41.65%），其次是周一，其他日期相差不大。

2.4.2.2 二环快速路

二环快速路是北京市最为中心的快速环路，主要环绕故宫、西单和王府井商业区、北京火车站、金融街等众多出行强度较大的场所。2000年以来，二环快速路的道路交通每天都拥挤不堪，尤其是西二环路段，高峰时段每天超过6h。即使是周末，二环快速路的交通量也未见有明显下降。图2-3显示了位于阜成门互通至月坛北互通之间的一个检测器一周内交通量的小时变化情况，此路段是二环快速路最为拥堵的路段之一。统计显示，工作日18:00—19:00的交通量较小，主要是由于二环快速路拥堵严重、交通进入强制流状态所致。

表2-4显示了"单双号"政策实施前不同日期二环快速路114个检测器检测到的总交通量。与前面分析的快速路网总交通量变化趋势类似，在"单双号"政策实施前，二环快速路在同一工作日的总交通量也非常稳定。同一工作日之间的差异仅为0.95%（周四）~3.18%（周一）。

表2-5显示了在实施"单双号"政策期间，二环快速路上的114个检测器在不同日期总交通量相对政策实施前的下降百分比的情况。

与快速路网总交通量变化趋势类似，"单双号"政策实施期间的二环快速路的交通量变化情况也可以分为四个不同的阶段。其中，第四阶段的交通量降幅没有快速路网总交通量下降那么明显，与8月18日至8月24日的一周相比，下降比例的差异仅从-2.98%（周三）变化至6.34%（周五）。这可能与二环快速路部分路段取消奥运专用车道有关，包括东直门北立交至复兴门立交段、8月25日光明立交至建国门立交段、8月28日建国门立交至东直门北立交段。

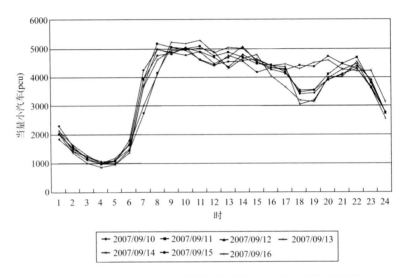

图2-3 阜成门互通—月坛北互通断面检测器一周内每小时断面交通量

表2-4 二环快速路114个检测器2008年6月的21天内日总检测交通量（1000当量小汽车）

星期	日期			平均
	6月2日至6月8日	6月9日至6月15日	6月16日至6月22日	
一	5967	5836	6028	5944
二	5967	6013	6046	6009
三	6155	6096	6146	6132
四	6106	6103	6048	6086
五	6171	6281	6117	6190
六	6014	6098	6102	6071
日	5776	5862	5844	5827

二环快速路114个检测器2008年7月至8月的41天内 表2-5
日总检测交通量下降比例（单位：%）

星期	日期						后五周平均
	7月21日至7月27日	7月28日至8月3日	8月4日至8月10日	8月11日至8月17日	8月18日至8月24日	8月25日至8月30日	
一	13.72	28.12	38.18	43.23	46.29	48.30	40.82
二	1.80	20.93	32.66	39.47	42.75	44.96	36.15
三	2.21	21.99	33.15	39.20	43.30	40.32	35.59
四	3.47	21.69	31.04	39.48	42.87	45.53	36.12
五	20.38	24.06	43.86	34.91	32.45	38.79	34.82
六	28.58	32.69	44.08	39.38	44.46	48.48	41.82
日	28.58	39.08	45.64	47.14	52.27		46.03*
周平均	14.11	26.94	38.37	40.40	43.48	44.40	38.55**

注：* 后四周的平均值；
** 7月28日至8月30日的平均值；
阴影部分（8月8日至8月24日）是奥运会举办期间。

2.4.2.3 三环与四环快速路

表2-6显示了"单双号"政策实施前不同日期三环快速路123个检测器和四环快速路118个检测器采集到的总交通量。从表2-6中可以看出，在"单双号"政策实施前，三环快速路或四环快速路在同一工作日的总交通量也非常稳定。而表2-7和表2-8则分别显示了"单双号"政策实施期间，三环快速路和四环快速路检测器的总交通量在不同日期的下降百分比。

三环快速路和四环快速路2008年6月的21天内 表2-6
日总检测交通量（1000当量小汽车）

星期	三环快速路				四环快速路			
	6月2日至6月8日	6月9日至6月15日	6月16日至6月22日	平均	6月2日至6月8日	6月9日至6月15日	6月16日至6月22日	平均
一	5617	5445	5653	5572	6442	6238	6527	6402
二	5739	5681	5688	5703	6502	6486	6446	6478
三	6111	6038	6137	6095	6505	6369	6437	6437
四	5747	5672	5693	5704	6838	6594	6627	6686

续上表

星期	三环快速路				四环快速路			
	6月2日至6月8日	6月9日至6月15日	6月16日至6月22日	平均	6月2日至6月8日	6月9日至6月15日	6月16日至6月22日	平均
五	6412	6426	6389	6409	7294	7282	7292	7289
六	5646	5612	5649	5636	6215	6229	6085	6176
日	5466	5534	5491	5497	5768	5821	5811	5800

三环快速路123个检测器2008年7月至8月的41天内日总检测交通量下降比例（单位：%）　　表2-7

日期	7月21日至7月27日	7月28日至8月3日	8月4日至8月10日	8月11日至8月17日	8月18日至8月24日	8月25日至8月30日	后五周平均
一	12.42	26.63	34.87	39.78	41.75	44.95	37.60
二	-1.44	17.11	27.53	35.90	38.01	43.67	32.44
三	-0.90	19.93	31.21	37.85	41.17	41.53	34.34
四	-1.26	16.42	27.01	35.28	37.40	43.19	31.86
五	17.41	23.05	43.99	32.81	30.20	40.22	34.05
六	26.42	29.12	41.14	36.42	40.14	45.54	38.47
日	29.90	37.79	44.74	45.83	49.46		44.46*
周平均	11.79	24.29	35.78	37.70	39.73	43.18	35.93**

注：*后四周的平均值；

** 7月28日至8月30日的平均值；

阴影部分（8月8日至8月24日）是奥运会举办期间。

四环快速路118个检测器2008年7月至8月的41天内日总检测交通量下降比例（单位：%）　　表2-8

星期	日期						后五周平均
	7月21日至7月27日	7月28日至8月3日	8月4日至8月10日	8月11日至8月17日	8月18日至8月24日	8月25日至8月30日	
一	11.63	30.22	33.94	34.81	30.16	47.17	35.26
二	4.86	21.94	26.38	25.78	20.81	42.06	27.39
三	1.03	20.06	24.16	19.14	15.77	37.61	23.35
四	8.48	20.25	23.66	22.29	17.72	40.89	24.96

续上表

星期	日期						后五周平均
	7月21日至7月27日	7月28日至8月3日	8月4日至8月10日	8月11日至8月17日	8月18日至8月24日	8月25日至8月30日	
五	24.59	25.66	36.00	19.69	15.75	39.83	27.39
六	31.13	28.98	32.56	23.64	28.53	45.67	31.88
日	32.95	39.08	38.49	34.33	52.00		40.97*
周平均	16.38	26.60	30.74	25.67	25.82	42.21	29.85**

注：* 后四周的平均值；

**7月28日至8月30日的平均值；

阴影部分（8月8日至8月24日）是奥运会举办期间。

三环、四环快速路检测器的总交通量变化趋势与快速路网总交通量变化趋势基本一致，但有两个明显特征。

（1）7月22日至7月24日，三环快速路总交通量在政策出台后有所增加，令人费解。

（2）在8月25日至8月30日期间，四环快速路交通量的下降幅度远大于前几周。这很有可能是由于四环快速路附近有很多奥运比赛场馆，包括在奥运会期间吸引了大规模的参观出行，奥运会结束后，奥运会相关的出行人次随即消失，导致奥运会结束后的总交通量明显下降。

从表2-3、表2-5、表2-7和表2-8中可以看出，检测到的快速路网、二环快速路、三环快速路和四环快速路的平均日总检测交通量降幅分别为32.40%、38.55%、35.93%和29.85%。

2.4.3 典型快速路路段情况

前面分析了快速路网总交通量以及二、三、四环快速路总交通量的变化情况，为了更好地理解各路段交通流变化情况，选择位于三环快速路农展馆附近的一个检测器来比较"单双号"政策实施前后的交通量变化情况。该检测器是一个典型的日交通量中等的检测器，其每日交通量如表2-9所示，与三环快速路总交通量的变化趋势相似。图2-4显示了"单双号"政策实施前后该检测器的小时交通量对比情况。

三环某检测器2008年单双号实施前与实施期间交通量对比　　表2-9

星期	日期		下降比例（%）
	6月9日至6月14日（当量小汽车）	7月28日至8月2日（当量小汽车）	
一	103608	81508	21.33
二	124728	93674	24.90
三	136851	101643	25.73
四	135856	108061	20.46
五	166804	108468	34.97
六	142345	73896	48.09

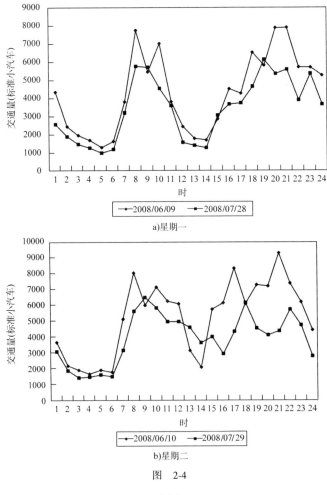

图 2-4

第2章 北京夏季奥运会期间交通管制政策影响

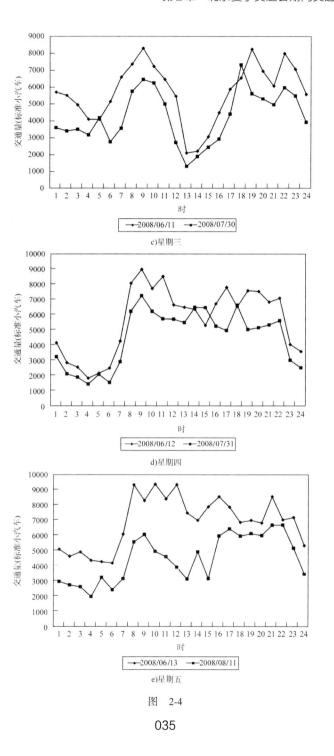

图 2-4

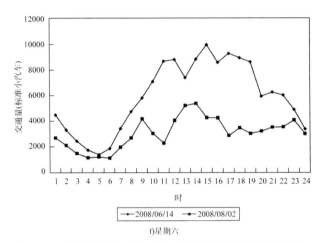

f) 星期六

图 2-4　三环路某检测器"单双号"政策实施前后小时交通量对比

从图 2-4 中可以看出，在大部分时间内（尤其是周五、周六），"单双号"政策实施前的小时交通量明显大于政策实施期间的小时交通量。但在某些时段，尤其是晚高峰时段，如周二、周三、周四的 18:00，"单双号"政策实施期间的小时交通量比政策实施前的小时交通量略大。由此可见，快速路在城市交通流分布中具有较强的吸引力。

图 2-5 显示，除个别非高峰时段，如周一的 10:00—13:00、周二的 13:00—14:00 等，大部分时间（尤其是周五、周六），"单双号"政策实施期间的小时平均车速明显高于"单双号"政策实施前的小时平均车速。

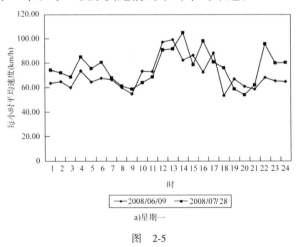

a) 星期一

图　2-5

第2章 北京夏季奥运会期间交通管制政策影响

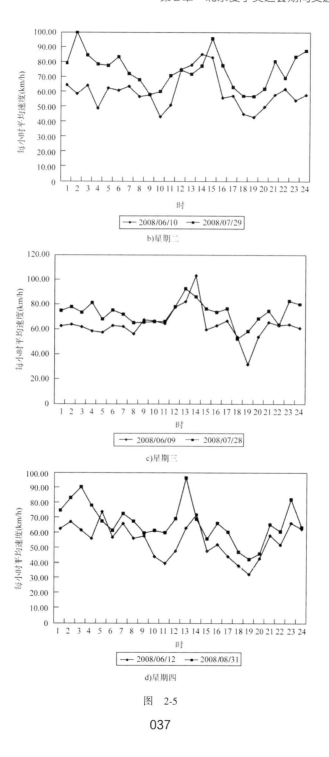

图 2-5

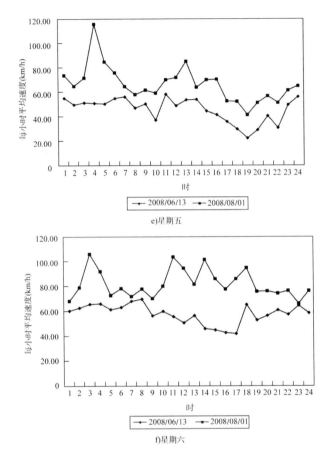

图2-5 三环路某检测器"单双号"政策实施前后小时平均速度对比

2.4.4 长安街交通情况对比分析

作为北京市的一条重要干道,长安街以天安门城楼和天安门广场为中心,广义长安街全长约55km,西起门头沟区三石路,东至通州区宋梁路。在前面的图2-1中只显示了二环快速路区域的长安街中心段。在北京市的道路交通网络中,长安街是北京市所有主干道中全天交通量最大的街道之一,2008年奥运会前日交通量近11万辆。

表2-10显示了"单双号"政策实施前长安街的每日交通量。

检测数据显示，在"单双号"政策实施前，长安街在同一工作日的总交通量并不十分稳定，这一点可以从表2-10第2~5列中看出。同一工作日之间的差异从5.8%（周二）到21.1%（周一）不等。交通量不稳定的原因可能是由于长安街经常有特定的活动，由此所需的临时交通管制影响了日交通量的稳定性。

长安街2008年6月28天内日均交通量（单位：1000当量小汽车） 表2-10

星期	日期				平均
	6月2日至6月8日	6月9日至6月15日	6月16日至6月22日	6月23日至6月29日	
一	107	90	104	101	100.5
二	110	104	106	107	106.75
三	111	101	110	111	108.25
四	115	102	109	110	109
五	115	99	113	117	111
六	100	97	101	109	101.75
日	93	92	96	101	95.5

表2-11显示了"单双号"政策实施期间长安街各日交通量与"单双号"政策实施前的日交通量相比下降的百分比。

长安街2008年7月至8月的35天内日均交通量变化情况（单位：%） 表2-11

星期	日期					平均
	7月21日至7月27日	7月28日至8月3日	8月4日至8月10日	8月11日至8月17日	8月18日至8月24日	
一	-6.09	13.77	15.46	8.28	6.46	7.57
二	16.64	11.70	17.83	16.45	10.22	14.56
三	21.10	17.25	25.21	15.11	14.07	18.54
四	17.45	17.63	15.43	17.56	13.58	16.3
五	21.97	16.63	47.75	16.36	12.71	23.08
六	21.21	22.81	19.05	13.02	12.05	17.62
日	13.76	16.17	19.26	7.29	20.65	15.42

注：阴影部分（8月8日至8月24日）是奥运会举办期间。

从表2-11中可以看出，长安街在"单双号"实施期间的日交通量降幅与快速路情况并不相似。在7月21日至8月24日期间，除8月8日奥运会开幕当天在长安街附近的天安门广场周边采取了一些临时交通限制策略外，长安街日交通量的降幅呈波动趋势。8月8日由于部分时段长安街禁止车辆通行，因此总交通量明显下降了47.75%。

图2-6显示了"单双号"政策实施前和实施期间长安街小时交通量的对比情况。一个有些奇怪的现象是，在6:00之前，实施"单双号"政策期间大部分时段的小时交通量都高于政策实施前，这与快速路的情况亦有所不同。在白天期间（8:00—20:00），"单双号"政策实施期间的小时交通量始终低于政策实施前，这可能与长安街奥运专用车道的设置有关。

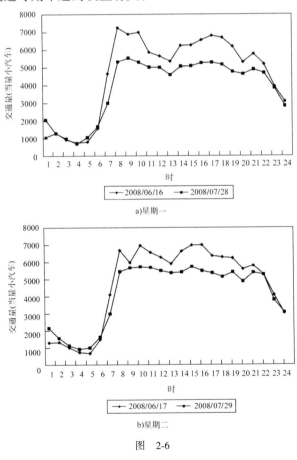

图 2-6

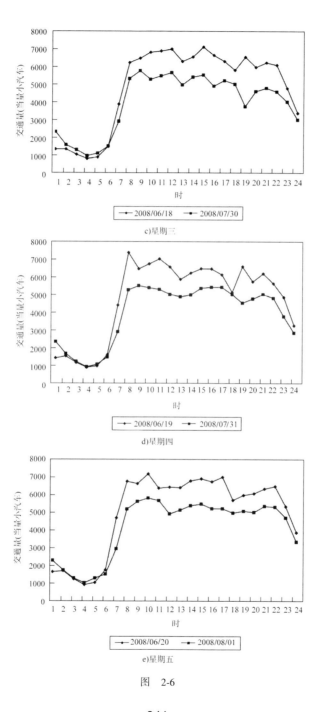

图 2-6

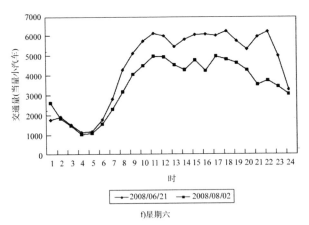

f) 星期六

图2-6 长安街"单双号"政策实施前后每小时交通量对比

从图2-7中可以看出,"单双号"政策实施期间,早高峰时段(8:00—9:00)和晚高峰时段(17:00—19:00)的小时平均车速明显上升,尤其是工作日的早晚高峰。长安街的平均车速在早晚高峰时段提高了10%~20%。同时可以看到,在整个日间时段(8:00—20:00),除14:00的多日平均车速稍有下降外,其余时间段的多日小时平均车速在"单双号"政策实施期间均有所上升。

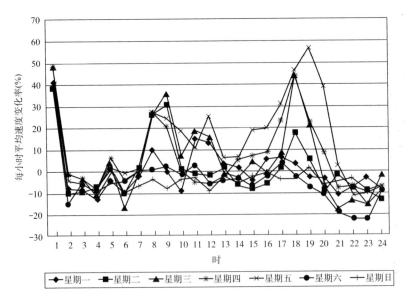

图2-7 长安街"单双号"政策实施期间每小时平均速度变化情况

在北京，最拥堵的交通状况往往总是出现在周五的晚高峰时段。从图2-7中可以看出，周五晚高峰时段的小时平均车速提高幅度最大，这表明"单双号"政策在改善交通运行速度方面是卓有成效的。

2.5 其他相关研究

北京市2008年夏季奥运会期间的交通管制政策及数据采集体系为众多的研究提供了良好的实验环境，相关研究在奥运会后不断发表。在政策效果分析方面，以研究奥运期间各种政策对环境影响的话题居多[9-11]，也凸显出当前研究的热点——环境问题。北京市2008年夏季奥运会期间以空气质量为表征的环境状况确实有了明显的改善，但这一问题并非本书所关注的主要内容，而空气质量的改善也不仅仅是交通限行之功[12]。由于本书关注政策的交通影响，因而本节在此介绍一下与交通影响相关的研究。

出行调查一直是探讨交通需求管理政策效果最为常用的手段。有研究通过奥运会期间小汽车限行政策实施前后收集的居民入户调查数据[13]，分析了限行措施对居民出行特征的影响。结果发现限行政策实施后，居民总体出行率由1.88次/日降低到1.70次/日，上下学、接送人和工作外出等出行比例明显降低；私人小汽车出行强度降低0.07次/（日·辆），乘载率提高0.10人/车；公务车出行强度增加0.70次/（日·辆），乘载率提高0.32人/车；地铁、公交和小汽车出行时耗分别缩短了12min、8min和8min。针对北京奥运期间实施的各类交通需求管理政策的综合效果，监测数据显示[14]，因北京奥运TDM政策的实施，北京市道路交通量比奥运前下降22.5%，早高峰的路网平均车速达到30.2km/h，提高了6.7km/h，工作日早、晚高峰路网平均速度较限行前分别提高28.5%和24.1%。在客运量方面，有50%左右的有车家庭选择公共交通出行，使得公交及地铁的客运量明显增加，也显示了交通方式间相互影响和依赖的关系。通过交通需求管理政策，公共交通（地面公交和地铁）出行比例达45%以上，提高了10个百分点。

浮动车技术近年来已经成为评估交通运行状态的重要数据来源。北京市2008年夏季奥运会前即建立了覆盖超过10000辆出租汽车的浮动汽车数据采集与分析系统，以此为基础，监测了北京市2008年夏季奥运会期间道路交通系统的运行情况。结果表明，在早高峰和晚高峰期间，整个路网的平均速度分别提高了26.9%和22.8%。

2.6 本章小结

根据前述对2008年奥运会期间交通需求管理措施实施下的快速路和典型主干道的交通流运行状态的分析，可以得出如下结论：

（1）在"单双号"政策及其他限行政策的限制下，尽管理论上有一半以上的车辆被限制使用，但在北京市2008年奥运会期间实施"单双号"政策的阶段内，快速路和主要干道的日交通量下降比例为20%~40%，小于理想条件的50%。这说明"单双号"政策在减少每日内可使用汽车数量的同时，可能增加了每辆允许使用的车辆的日出行强度，即车辆在允许出行日期的日均总行驶里程。受检测数据类型的限制，北京市"单双号"期间车辆日均行驶强度是否真实增加已无法验证，但其他城市的实证研究结果显示，此现象确实存在（见第3章）。此外，与政策实施前相比，"单双号"政策的实施也可能将更多允许使用的车辆引向了主要道路，包括快速路和主要干道。这可能是因为主要道路拥堵状况的缓解吸引了更多以前没有使用快速路和主干道的车辆。

（2）从表2-3、表2-5、表2-7和表2-8中可以看出，"单双号"政策对快速路交通的影响在周末比平日更明显。这可能是由于工作日出行以通勤出行为主，尤其是早晚高峰期间，属于刚性出行需求，此类需求不够灵活，受政策影响相对较小，而周末出行更为灵活，容易受到政策约束而发生调整。

（3）总体而言，"单双号"政策降低了各类道路路段的交通量，提高了平均车速，但不同时段的影响程度不完全相同。在"单双号"政策下，某些快速路路段在一天中的某些时段内甚至出现了交通量增加、车速下降的情况。其中一个可能的原因是，一些驾驶人可能认为限行后快速路交通量会下降、车速会提高，因此选择在快速路上行驶，即所谓的"诱增效应"。

（4）对于北京市最重要的主干道——长安街，"单双号"政策使上下班时段的交通量减少了20%~30%。同时，上下班时间段的车速提高了10%~20%，早晚高峰时段改善效果尤其显著。

较为严格的限行措施在特殊活动期间确实可以起到降低小汽车出行总量、缓解交通压力的效果，但是也存在潜在的问题，例如激励市民购买更多的车辆以及诱增允许通行车辆在可用期间的使用强度等，因而政策的实施效果将随着时间的演进而逐渐减弱。例如2010年北京市常态化尾号限行后，2010年全年新增小汽车数量明显超过过去数年的常规水平,从而导致了2010年底限购政策的出台。

本章参考文献

[1] TURNBULL K F. History of HOV Facilities[R].Washington: Federal Highway Administration(FHWA), 2012.

[2] KEONG C K. Road pricing Singapore's experience[R].Washington: Land Transport Authority of Singapore, 2002.

[3] EMBERGER G. National transport policy in Austria-from its beginning till today[J]. European Transport Research Review, 2017, 9(1): 6.

[4] 徐诚.悉尼奥运会与交通纪实[J].城市公共交通,2001(1): 30-31.

[5] 刘庚权.雅典奥运会促进了城市轨道交通发展[J].现代城市轨道交通,2004(4): 54-7.

[6] LEE S, CHANG M, OH Y, et al. Traffic management techniques overview for 2002 FIFA Korea-Japan Worldcup in Seoul, Korea[Z]. Fukuoka: The 5th Eastern Asia Society for Transportation Studies, 2003.

[7] 于春全.雅典奥运会交通考察报告(上)[J].道路交通与安全,2004(5): 41-48.

[8] 范晓威,张勇,徐志浩,等.世界军运会交通需求管理政策研究及实施效果[J].公路与汽运,2021,(2): 29-33.

[9] WANG T, XIE S. Assessment of traffic-related air pollution in the urban streets before and during the 2008 Beijing Olympic Games traffic control period[J]. Atmospheric Environment, 2009, 43(35): 5682-5690.

[10] XU Z, TANG Y, JI J. Chemical and strontium isotope characterization of rainwater in Beijing during the 2008 Olympic year[J]. Atmospheric Research, 2012, 107: 115-125.

[11] SCHLEICHER N, NORRA S, CHEN Y, et al. Efficiency of mitigation measures to reduce particulate air pollution—A case study during the Olympic Summer Games 2008 in Beijing, China[J]. Science of The Total Environment, 2012, 427-428.

[12] 曹静,王鑫,钟笑寒.限行政策是否改善了北京市的空气质量?[J].经济学(季刊),2014,13(3): 1091-1126.

[13] 李春艳,陈金川,郭继孚,等.小汽车限行对居民出行特征的影响分析[J].交通运输系统工程与信息,2008,8(6):73-77.

[14] 王书灵,陈金川,郭继孚,等.交通需求管理政策在北京奥运会中的应用和评价[J].交通运输系统工程与信息,2008,8(6):121-126.

第 3 章

差异化限行政策的交通影响

注：**本章内容最初发表情况** Zhiyong Liu, Ruimin Li*, Xiaokun(Cara) Wang, Pan Shang. Effects of vehicle restriction policies: Analysis using license plate recognition data in Langfang, China. Transportation Research Part A: Policy and Practice，2018, 118: 89-103。

自从2007年8月北京市测试实施小汽车单双号限行政策效果以来，全国已经有超过60个城市开展过形式多样的小汽车尾号限行政策，包括"单双号"和"五日制"策略，还有部分城市针对"尾号为当日日期个位数"的车辆进行限行，以实现不同程度的交通量缩减目标。

时至今日，因为外部环境、施政措施等条件的变化，很多城市又取消了小汽车尾号限行政策，但是北京、上海、广州等数个超大型城市依然还保留各自的限行政策。在城市交通供需关系愈渐失衡的背景下，当供给侧已经难以实现进一步挖潜扩容，从需求侧进行大幅度的流量控制也是城市交通发展的重要途径。

在各个城市实施小汽车尾号限行的过程中，由于短期需求的多变性，有的城市在连续的不同时期实施了差异化的小汽车限行政策。与此同时，连续且精细化的出行监测体系为研究差异化的小汽车限行政策的交通影响提供了良好基础。本章基于廊坊市的小汽车限行政策和相应的检测数据实证，分析了差异化限行政策对小汽车出行需求的影响。

3.1　概　　述

关于车辆限行政策的多方影响，研究者通常关注其对空气质量[1-3]、安全水平[4]以及交通状况的改善[5-7]。总体而言，当前研究表明车辆限行政策对于交通系统的影响是积极且深远的。

就车辆限行政策对交通量的影响而言，车辆限行政策能够在短期内快速控制路网内的总交通量[8]，从而有效缓解城市交通拥堵。如前一章所述，多项研究也证实了北京2008年夏季奥运会期间的单双号限行政策对交通量缩减的显著作用[5,9-10]。也有学者[11]通过讨论政策的公平性和效率性，论证了车辆限行政策有助于削减机动化交通需求，即使是刚性的交通需求。这些结果点明了一个直观且简单的意思：车牌限行即相当于机动车交通量缩减。

然而，机动车交通量缩减的良好态势之下亦暗藏问题，出行者的行为反馈可能会对车辆限行政策的有效性产生负面影响。有学者[12]强调了出行者往往对于车辆限行政策持有抗拒态度，并表现出不太情愿的政策遵守行为。北京的个体出行调查研究表明[13]，47.8%的被限行车辆使用者会违反限行规定，停车场的监测数据也印证了类似结果[14]。有学者[15]断言，墨西哥城的车辆限行政策影响了居民的车辆使用习惯，刺激了居民更高强度的车辆使用频率以及居民第二辆车的购买。此外，限行政策实施后燃油消耗上升也是政策未能实现期望目标的一项证据。有关印度德里限行政策的研究发现[16]，由于不遵从政策或政策豁免等原因，超过20%的尾号限行车辆仍在道路网络上行驶。除了不遵从政策的非法行为外，限行后交通状况改善也会引起非限行车辆额外增加出行需求，这一点也进一步削弱了限行政策的有效性[17]。有研究[18]总结称，限行后交通量未能实现预期的缩减，是由于交通需求从限行时段转移到了非限行时段。实际上，违反限行政策和出行强度上升是车辆限行政策下的公众行为反馈，是亟须分析并应对的社会现象。整体而言，小汽车限行政策对于流量缩减的积极作用高于社会公众的负面行为影响。然而，由于数据的限制，很少有研究定量地调查实施车辆限行政策后违法出行的特征或出行强度的变化。

此外，在我国当前的社会经济条件下，小汽车限行政策有一个较为特殊的情况——尾号"4"的车辆限行问题。一项较为有趣的研究[6]披露了在我国单双号限行政策下的这一特殊现象：由于中国文化对数字"4"的回避，以"4"结尾的车牌比例在各地明显偏低。因此，在尾号为"4"的车辆限行日，交通量似乎并未受到显著影响。也正是因为这一问题，各地在制定车牌尾号限行策略时，一般规定"字母结尾"车牌按照"尾号为4"车牌进行限号，以均衡车牌尾号分布差异性的现状。

为了更好地评价政策的实施效果，高效快速地获取大规模实证信息仍然是最为重要的环节。当前阶段有必要分析车辆限行政策的实际效果以及政策之下的出行者反馈行为，并考虑如何开展政策组合以优化实施效果。例如，小汽车限行政策与小汽车限购政策[19-20]、公共交通规划[7-21]、土地利用规划[3]等策略的协同配置。

3.2　实证分析框架

交通政策干预的影响分析框架如图3-1所示，主要包括如下流程：
（1）收集政策干预前后相关数据，拓展实证分析要素。
（2）基于实证分析目的选取恰当模型与方法，合理量化政策干预效果。

（3）围绕数值结果延伸分析与评价结论，形成政策决策与优化的支撑性建议。

这一分析框架也适用于其他类型交通政策干预的实证影响分析。

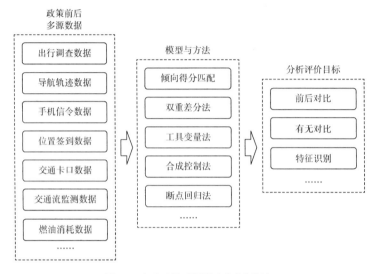

图 3-1　交通政策干预影响的分析框架

在数据要素拓展方面，为了从实证角度掌握政策干预前后的真实情况，一般倾向于收集交通环境下的客观检测数据，以反映实际状态和特征的变化趋势。小汽车限行政策实证影响分析相关的客观检测数据包括但不限于导航轨迹数据、手机信令数据、位置签到数据、交通卡口数据、交通流监测数据、燃油消耗数据等。此外，通过在社会公众群体中开展显示性偏好调查（Revealed Preference Survey），获取政策干预前后被试者真实行为信息及被试者社会人口属性，亦可以实现政策干预的实证影响分析，同时也能够进一步融入个体心理特征等要素，但需注意抽样调查的局限性。

在分析方法选取方面，为了证实交通特征的变化确实是由于政策干预引起、而非其他因素所致，可以通过恰当的模型控制或处理政策之外的因素。本书列举下列模型方法以供参考：

（1）倾向得分匹配（Propensity Score Matching）[22]：这是一种通过统计学方法筛选出具有可比性的实验组与对照组，进而开展政策干预前后特征比较的方法。对于某个实施了小汽车限行政策的城市，为了证明其交通出行特征在政策干预前后的变化是由于实施的政策而非其他因素导致,可以面向众多案例城市构造"倾向得分",从多个维度衡量备选城市与政策干预城市相互匹配的概率;进而通过倾向得分,对政策干预城市与非政策干预城市进行配对,并开展平衡性检查,确保配对后的城市之间在关键特征上尽可能地相似;最后,针对配对后的城市进行关注特征的对比,凸显政策干预的效果。为了保证分析结果的可靠性,可以进一步开展灵敏度分析。

(2) 双重差分法(Differences-in-Differences)[23]:也称"倍差法",是评价政策干预对群体影响的有效方法。一般需要区分实验组和对照组,在获取实验组与对照组政策干预前后交通出行特征数据后,开展差分处理,构造差分数据,进而通过分析差分后各类特征的变化,以彰显政策干预的效果。

(3) 工具变量法(Instrumental Variable Analysis)[24]:该方法能够有效处理解释变量与扰动项之间相关性导致的内生性问题。在具体操作上,首先明确回归模型中存在内生性问题的情况;选择一个或者多个工具变量,保证其与解释变量相关,而与误差项不相关;进而,通过两阶段最小二乘法,第一阶段使用工具变量估计解释变量,第二阶段使用估计的解释变量代替原有变量,完成模型参数标定。这一方法能够提高政策干预效果评价的准确性和可靠性。

(4) 合成控制法(Synthetic Control Method)[25]:该方法适用于开展政策干预的"有无对比"。该方法首先区分干预组(政策实施的城市)与控制组(与政策实施城市相似却未实施政策的多个城市);通过特征选取与加权,在控制组的城市中构造出一个"合成控制组",使其各项特征表达与干预组城市相似;进而对比"合成控制组"与"干预组"实现"有无对比"的效果;最后,可以开展稳健性检验说明政策干预评价结果的有效性与可靠性。

(5) 断点回归法(Regression Discontinuity Design)[26]:该方法使用政策干预时间点两侧的差异来评价政策干预的效果。一般而言,首先需要确定断点,即政策实施干预的时间点;进一步,明确断点前后的分析范围与带宽;最后,采用局部多项式回归或者其他回归策略评价政策干预前后的差异。此外,可以开展稳健性检验与敏感性分析,以保证分析结果的可靠性。

在分析评价目标方面,一般围绕实际案例、数据资源、方法模型的组合,开展恰当的"前后对比""有无对比""特征识别"等工作,量化交通政策的实际影响及相关因素的变化情况,解析数据背后的内在因果关系与演化逻辑,以深入探究交通政策实施的具体影响。

3.3 场景及数据

3.3.1 政策实施场景

河北省廊坊市是位于北京市与天津市之间的一个中等规模城市，地处京津冀城市群重要地带，是北京市和天津市之间的重要走廊。截至2022年底，廊坊市常住人口数量549.53万，私人小汽车拥有量达141.8万辆。

城市化和机动化的迅速发展给廊坊市带来了严重的交通拥堵、空气污染等问题。为了缓解交通外部性影响，自2015年8月起，廊坊市面向一般社会车辆开始实施"五日制"尾号限行政策。自2016年12月起，为了遏制空气质量恶化，廊坊市试点实施了"单双号"尾号限行政策，为期一个月。2017年1月1日后，"单双号"政策又恢复为"五日制"政策。在廊坊市一系列的限行政策中，公交车、出租汽车、警车等社会服务车辆不受政策限制。

"五日制"尾号限行政策仅在工作日生效，限行时段为每天的7:00—20:00。具体规定如下：尾号0和5的小汽车周一禁行，尾号1和6的小汽车周二禁行，尾号2和7的小汽车周三禁行，尾号3和8的小汽车周四禁行，尾号4和9的小汽车周五禁行，周末所有车辆均可通行。对于尾号为字母等特殊情况的车辆，在限行策略中被视为以0结尾。因此，最后一位数字被分为五组，包括（0、5、字母等特殊情况）、（1、6）、（2、7）、（3、8）和（4、9）。

"单双号"尾号限行政策不再区分工作日与非工作日，限行时段为每天的7:00—21:00。根据车牌号码的最后一位数字，以奇数结尾的车辆仅能在奇数日期行驶，以偶数结尾的车辆仅能在偶数日期行驶。此外，尾号非数字的车辆在"单双号"限行政策下被视为偶数处理。因此，根据车牌号码的最后一位数字，车辆被分为两组，分别是（0、2、4、6、8、字母等特殊情况）和（1、3、5、7和9）。

两种政策采用相同的执法手段：在每个执法周期（定义为4h的时间窗口）禁行车辆若违法上道路行驶，将被处以100元人民币的罚款。

此外，"五日制"与"单双号"限行政策的实施均面向廊坊市主城区，两种政策的管理范围一致，如图3-2所示。在限行区域路网重要节点上，均设置了交通管理车辆智能监测记录系统（俗称"视频卡口"）检测器，能够实时监测通过交叉口的车辆牌照信息。

图3-2　廊坊市小汽车限行政策管理区域示意图

廊坊市关于两种限行政策的连续实施，为小汽车限行政策效果的实证分析提供了非常难得的研究场景。

3.3.2　分析数据

本案例获取了廊坊市2个月的牌照识别数据，覆盖2016年11月1日至2016年12月31日（图3-3），包含了两种不同的尾号限行政策下的车辆使用记录，能够客观揭示政策对交通运行的影响以及政策之下的公众反馈。

经过数据清洗（包括非限行豁免车辆信息剔除、异常记录剔除等），所使用的案例数据集包含4700万条车牌识别记录，覆盖限行区域内47个主要交叉路口。每条记录包括5个主要字段：车辆唯一标识、交叉口编号、方向编号、车道编号、车辆通过检测器的时间戳。表3-1展示了视频卡口检测数据的样本。该数据基本上能够客观还原整个城市在较长时间范围的机动车出行特征，能够清晰区分车辆尾号、识别违反政策的出行、记录车辆使用的频率，从而为精细量化小汽车限行政策的交通影响提供基础。

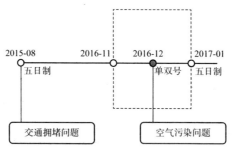

图 3-3 尾号限行政策时间线与案例数据范围

视频卡口数据记录示意 表 3-1

车辆标识	交叉口编号	方向编号	车道编号	车辆通过时间
****0	1310000071	3	2	2016/11/11 4:40:02
****5	1310000026	3	2	2016/11/11 4:41:07
****3	1310000058	1	3	2016/11/11 4:39:53
****2	1310000017	2	3	2016/11/11 4:41:50
****7	1310000011	1	2	2016/11/11 4:40:51
****7	1310000073	1	2	2016/11/11 4:40:09
****2	1310000059	1	2	2016/11/11 4:40:01
****A	1310000073	1	1	2016/11/11 4:40:13
****6	1310000013	4	2	2016/11/11 4:40:52
****9	1310000062	3	1	2013/11/11 4:40:17

基于 2 个月的案例卡口数据，定义以下指标用于开展各项交通特征在政策干预的前后对比分析，见表 3-2。

指标定义 表 3-2

指标名称	指标描述
交通量	在本案例中，路网中所有卡口检测器在一定时间内观测到的车辆记录总数
车辆总数	在本案例中，路网中所有卡口检测器在一定时间内观测到的不同车牌的车辆总数
违法车辆数	在本案例中，根据尾号限行政策当日不允许出行却被卡口检测器观测到的不同车牌的车辆总数
违法率	一定时间内，违法车辆数与车辆总数的比值

续上表

指标名称	指标描述
限行者违法率	一定时间内,违法车辆数与被限行车辆总数的比值
出行强度	对特定车辆群体而言,出行强度为交通量与车辆总数的比值,在一定程度上表征车辆在一天内的使用频率

3.4 政策影响分析

3.4.1 交通流状态变化

1）交通量变化情况

本实证案例首先以量化手段讨论小汽车限行政策从"五日制限行"调整为"单双号限行"的交通状态变化情况,同时以断点回归方法验证各项交通特征指标变化的显著性。需要说明的是,断点回归的断点为"五日制"与"单双号"政策的转换日期（即2016年12月1日）,以"日"为分析带宽,以断点前后一个月内的工作日限行时段为分析范围,确保断点两侧数据的可比性。

首先观察两种尾号限行政策对交通量的影响。降低机动车交通量、缓解拥堵问题是廊坊市尾号限行政策的最初目的之一,图3-4描述了在"五日制"与"单双号"政策下全廊坊市日总交通量的对比情况。图中,柱形图案分别代表"五日制"和"单双号"政策下观测到的日总交通量,实线则分别展示"五日制"和"单双号"下平均日总交通量的变化趋势。显然,"单双号"政策下的日总交通量比"五日制"政策下的日总交通量要低,这意味着更严格的限行政策可以实现更显著的交通量缩减,这一结果符合预期。

理论上,"五日制"政策下限行时段内日总交通量应该比原始水平减少约20%,因为每天约有1/5的车辆受到出行限制。在"单双号"政策下,限行时段内日总交通量应该缩减至初始情况的50%。因此,与"五日制"相比,"单双号"政策理论上会带来37.5%的日总交通量缩减［即(80% - 50%)/80%］。然而,从图3-4中可以看出,从"五日制"变为"单双号",工作日日总交通量仅实现了8.74%的下降,远低于理论预期。特别地,每个"周一"的日总交通量下降幅度几乎可以忽略不计。

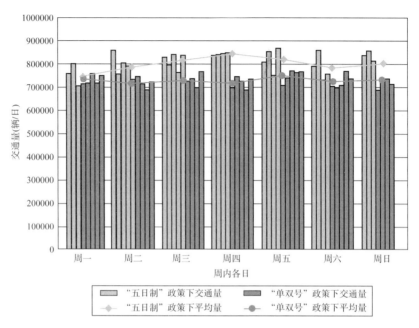

图3-4 "五日制"与"单双号"政策下的日总交通量对比

本处通过断点回归,进一步证明了尾号限行政策转换后,限行时段内日总交通量出现的下降(图3-5)。结果显示,政策转换对日交通量的局部平均处理效应为 -104172.09,P 值为0.02。断点回归的显著性也说明了限行时段内日总交通量的缩减确实是由于政策转换导致,而非其他外界因素导致。

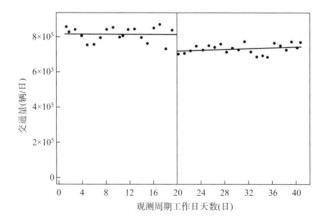

图3-5 工作日交通量在两种政策下的断点回归

第3章 差异化限行政策的交通影响

进一步开展数据推断,来估计各项社会公众行为反馈影响下的流量缩减情况(有关社会公众行为的反馈分析详见下一节),并与实际流量缩减情况进行对比,以说明数据挖掘结果的合理性和可靠性。

图3-6展示了大致的计算流程。以"五日制"政策下的常用车辆数为基准:①在"五日制"政策下,理论上平日有20%的车辆出行受限;然而,有33.39%的受限车辆会违反政策,因此,有86.6%的车辆会在道路上行驶并产生交通量。②在"单双号"政策下,常用车辆数❶增加了17%;占全体常用车辆50%的车辆出行受限,其余50%能够合法行驶的车辆会将出行强度提升12%;受限车辆会有21.97%的违法概率。因此,相当于有78.37%的车辆在道路上行驶并产生交通量。至此,从"五日制"变为"单双号"后,考虑各项公众行为反馈的影响,交通量的缩减率估计为9.58%。这一结果与实际观测的缩减率8.74%较为接近,说明本案例在一定程度上通过数据挖掘可以追溯到政策转变后交通量缩减不尽如人意的真实原因。

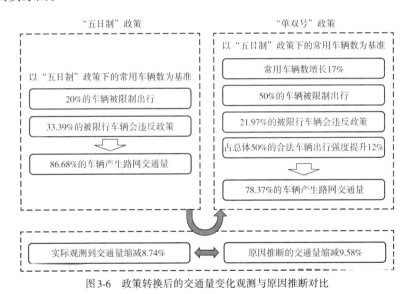

图3-6 政策转换后的交通量变化观测与原因推断对比

2)路网速度的变化情况

限行政策转换虽然没有得到预期的限行时段内日总交通量的缩减水平,但是

---

❶ 常用车辆数,指的是在廊坊观测区域内频繁使用的本地车和外地车的数量。这一指标的估算将在3.4.2节中进行介绍。

流量的降低仍然带来较为显著的交通效益。

基于车牌识别数据估算政策转换前后各个路段的旅行时间，进而可以根据路网结构反推各个路段的车辆行驶速度。图3-7展示了从"五日制"到"单双号"转换后，早高峰、晚高峰和非高峰时段的路网速度变化趋势。显然，在道路网络的绝大部分路段中，车辆平均行驶速度的改善是显著的。在早高峰时段有86%的道路路段速度得到改善，这一数字在晚高峰时段为88%，在非高峰时段为84%。只有少数道路路段在政策转换后出现了行驶速度降低的情况。整体而言，在早高峰时段、晚高峰时段和平峰时段，道路网络平均行驶速度分别提高了23.30%、12.85%和8.21%。这些结果表明，尽管交通量的减少远低于预期，但仍然实现了相当可观的交通效益，使得路网行驶速度得到提升，交通拥堵问题得到缓解。

本案例进一步开展 t 检验来评估行驶速度变化的统计显著性。在完成方差齐性检验后，表3-3显示了 t 检验的主要结果。大部分道路路段有显著的行驶速度提升，特别是在早高峰时段。这个结果是由于早高峰时段机动车出行需求过度集中，更容易引起比晚高峰时段或非高峰时段更严重的交通拥堵，交通流处于非强制流与强制流的转换区间。在这样的条件下，通过实施更严格的限行措施，尽管只限制了少量的交通量，但却可以实现非常显著的速度改善。

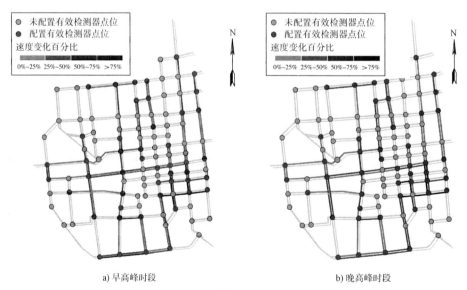

a) 早高峰时段　　　　　　　　　　b) 晚高峰时段

图 3-7

第3章 差异化限行政策的交通影响

c) 平峰时段

图 3-7 限行政策转换后路网速度变化趋势示意图

限行政策转换前后行驶速度变化 t 检验结果　　表3-3

时段	路段数	非显著数量	显著提升数量	显著提升率（%）	显著下降数量	显著下降率（%）
早高峰	58	7	47	81.03	4	6.90
晚高峰	58	17	37	63.79	4	6.90
平峰	58	13	39	67.24	6	10.34

此外，在车辆行驶速度变化趋势的路网图中可以观察到某些特定模式：①在廊坊市东侧较为拥挤的老城区，道路网络密集，行驶速度的改善非常显著，这一区域的部分道路路段在实施"单双号"后行驶速度几乎翻了一倍。例如，在廊坊老城区和平路的一个路段，在三个不同时段分别实现了 2.03 倍、1.90 倍和 1.81 倍的速度提升。②在每个时段的路网图中，行驶速度下降路段的空间分布是较为一致的。这些路段行驶速度的降低可能是由于实施"单双号"后路段交通量增加或其他因素导致的。为了探究其原因，本案例比较了每个时段各个路段的行驶速度变化百分比和小时交通量变化率，如图 3-8 所示。从结果来看，行驶速度下降的道路路段与小时交通量增加的道路路段并不一一对应。这个结果说明了特定道路路段行驶速度下降的原因不应归因于小时交通量的增加，而是可能存在其他因素影响了特定道路路段的交通状态，例如，信号配时的协调程度等。

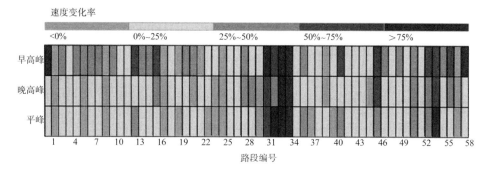

a) 行驶速度变化率

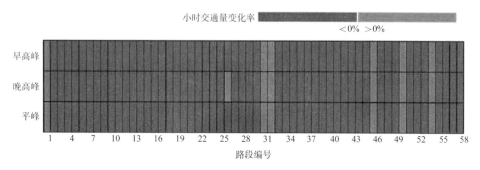

b) 小时交通量变化率

图 3-8 各个路段行驶速度变化率与小时交通量变化率对比

3.4.2 限行政策下的出行行为变化

"五日制"转换为"单双号"后，流量缩减未达到预期，主要是由于社会公众在更严厉的限行政策下产生了特定的行为反馈，包括违法行为的增加、出行强度的提升、闲置车辆的使用等。

1）政策未达预期的原因之一：违法行为的增加

图 3-9 比较了"五日制"与"单双号"政策下合法和违法车辆数，所示统计结果为分析周期内的日平均结果。

显然，在这两种政策下都存在一定数量的违法车辆。在"五日制"与"单双号"政策下，违法车辆的平均数量分别为 12195 辆和 22617 辆。从违法率（即违法车辆数量与总车辆数的比值）来看，"五日制"政策下的违法率平均为 8.12%，而在"单双号"政策下这一数字增至 17.90%。结果说明，随着限行政策更加严格地开展,违法出行依然存在并且违法率有所上升。

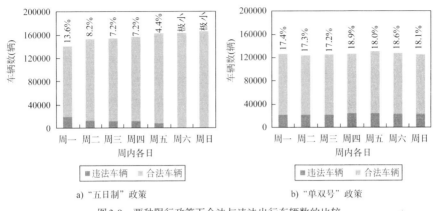

a)"五日制"政策　　　　　　　b)"单双号"政策

图3-9　两种限行政策下合法与违法出行车辆数的比较

本处仍通过断点回归对工作日违法率的变化进行分析,以证明违法率的增加是由于政策转变而不是其他因素引起。图3-10显示了违法率断点回归的结果,政策转变对违法率的局部平均处理效应为+0.15,P值远低于0.01。这一结果说明,政策转变导致违法率上升具备显著的统计意义。

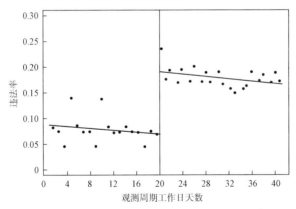

图3-10　工作日违法率在两种限行政策下的断点回归

为了进一步分析两种政策下的违法倾向,计算了限行者违法率(即一定时间内违法车辆数与被限行车辆数的比值)。结果表明,在"五日制"政策下的限行者违法率为33.39%,而在"单双号"政策下限行者违法率为21.97%。也就是说,分别有33.39%和21.97%的被限行车辆在两种政策下会违反限行规定。这样的结果较为有趣,尽管"单双号"政策下整体出行违法率偏高,但是"单双号"政策下被限行群体的违法倾向是降低的,只是由于被限行的车辆基数过大,所以整体呈现出来的出行违法率比"五日制"更高。这样的情况说明,尽管两种政策下的执法体系保持不变,但是更严格的"单双号"政策确实会给出行者带来心理压力,从而抑制了违反政策的意愿。

图 3-11 展示了两种限行政策下的限行者违法率在一天内的分布情况。在这两种政策下,限行者违法率在交通的早晚高峰时段达到峰值,这表明日常通勤出行需求刚性较大,可能会导致限行者违法出行的概率增大。在高峰时段,违法出行的收益可能超过了违法出行的成本。此外,在这两种政策下,每小时的限行者违法率都明显小于全天的限行者违法率,这表明某违法车辆只出现在一天中的少数时间段,而不是整天都在违法出行。另外,与 2010 年北京市个人出行调查得出的 47.8% 的个体违法率相比,廊坊市的限行者违法率相对较低。除了数据获取方法差异带来的影响之外,可能存在以下两个主要原因:①随着执法技术的改善,增加了违法出行的成本,从而降低了限行者违法率;②与廊坊的车主相比,北京的车主时间价值相对较高,这促使他们不顾违法成本而进行出行。

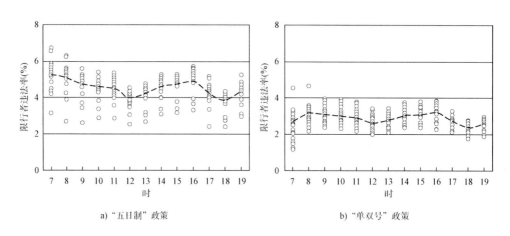

a) "五日制"政策   b) "单双号"政策

图 3-11 两种限行政策下的限行者违法率

2)政策未达预期的原因之二:出行强度的提升

本案例进一步计算了"五日制"与"单双号"政策下各尾号车辆出行强度的变化。出行强度表征一类群体每日出行的频率、距离等信息,在本案例中用特定车辆群体在特定时段内的交通量与车辆总数比值来估计出行强度。

图 3-12 显示了"五日制"和"单双号"政策下合法、违法车辆的出行强度分

布情况。显然，在两种尾号限行政策下，合法车辆的行驶强度高于违法车辆，这是符合直观逻辑的现象，毕竟违法出行心理负担相对更大，车辆在违法出行的情况下一般倾向于完成短距离、必要性出行，避免过多地出现在路网上引起管理部门的注意。

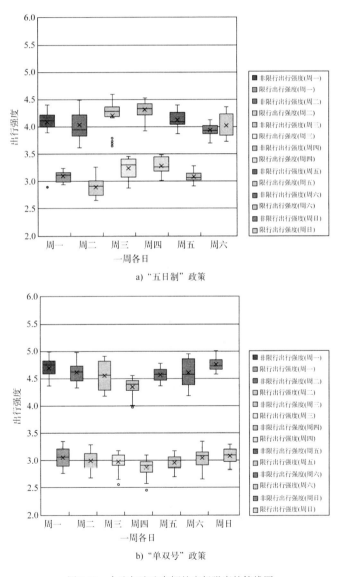

图3-12 合法与违法车辆的出行强度的箱线图

此外,在"单双号"政策下,非限行的合法车辆的行驶强度高于"五日制"政策下的出行强度,而违法车辆的情况则相反。为了说明这一现象的可靠性,使用了 t 检验对比两种政策下出行强度的差异。

在 t 检验中将样本分为两组,一组是合法车辆,另一组是违法车辆。在每个样本组中,将每日的每一个车辆牌照尾号划分为一个独立样本,计算其出行强度的平均值作为样本值;每组样本分别受到"五日制"与"单双号"政策的约束,且两种政策下的样本被视为相互独立的。在完成 K-S 正态性检验之后,分别面向合法车辆与违法车辆在两种政策下的样本开展独立样本 t 检验。

表3-4显示了合法车辆在两种政策下出行强度差异显著性分析结果,包括方差齐性Levene检验和出行强度差异性 t 检验。根据Levene检验显著性情况判断每周各日的方差齐性,从而选择适当的 t 检验结果。在一周的每一天,"单双号"政策下的出行强度都大于"五日制"政策下的出行强度,且 t 检验的显著性系数小于0.01(除了星期四之外),从统计上证实了合法车辆在限行政策变得严格后出行强度显著提升。具体而言,"单双号"政策实施后,合法车辆的出行强度大约增加了12.0%。这样的结果揭示出,小汽车限行未必真正地抑制了出行需求,对于部分出行群体而言,该政策只是将其原来分布在每天的均匀出行需求较为集中地压缩到了非限行日,导致了出行需求的时间转移。

此外,从表3-4中可以看出,政策严格后,合法车辆在周末出行强度的涨幅要高于工作日。由于"五日制"在周末不限制所有社会车辆的出行,所以周末数据的 t 检验实际上体现的是"无限行"情况与"单双号"情况的对比。因此,从这一结果中能够发现,从"无限行"过渡到"单双号"后合法车辆的出行强度涨幅高于从"五日制"过渡到"单双号"的情况,从而可以判断从"无限行"到"五日制"的过程中合法车辆出行强度也发生了一定程度的增长。于是,可以得到一个新的认知:合法车辆的出行强度会随着尾号限行政策的严格程度提升而不断上涨。

合法车辆在两种政策下出行强度差异的 t 检验结果　　　　表3-4

星期	均值		Levene's 方差齐性检验		t 检验结果				95% 置信区间	
	五日制	单双号	F	Sig.	df	Sig. (2-tailed)	均值差		下限	上限
周一	4.08	4.70	0.06	0.80	53	0.00***	-0.61		-0.74	-0.49

第3章 差异化限行政策的交通影响

续上表

星期	均值		Levene's 方差齐性检验		t检验结果				
	五日制	单双号	F	Sig.	df	Sig. (2-tailed)	均值差	95% 置信区间	
								下限	上限
周二	4.04	4.62	5.25	0.03*	55	0.00***	−0.59	−0.70	−0.48
周三	4.20	4.56	0.51	0.48	65	0.00***	−0.35	−0.49	−0.22
周四	4.31	4.35	0.63	0.43	61	0.36	−0.04	−0.12	0.04
周五	4.13	4.57	0.87	0.36	53	0.00***	−0.44	−0.51	−0.37
周六	3.94	4.61	41.76	0.00***	25	0.00***	−0.67	−0.77	−0.56
周日	4.02	4.76	9.69	0.00***	52	0.00***	−0.74	−0.83	−0.66

注：***- Sig.≤0.01；*- Sig.≤0.05。

合法车辆的出行强度发生了变化，违法车辆的情况又如何？我们进一步开展了两种政策下违法车辆的出行强度独立样本 t 检验。由于"五日制"仅针对工作日进行限行，所以 t 检验仅讨论了 5 个工作日的情况。

表 3-5 显示了政策变化前后违法车辆出行强度对比结果。尽管前后的均值差暗示出违法车辆在"单双号"政策下的出行强度较低，但是在 5 次 t 检验中只有 1 次（星期三）具有显著的统计意义，这表明违法车辆在限行政策严格之后出行强度的增长不是统计显著的。

违法车辆在两种政策下出行强度差异的 t 检验结果　　表 3-5

星期	均值		Levene's 方差齐性检验		t检验结果				
	五日制	单双号	F	Sig.	五日制	单双号	F	95% 置信区间	
								下限	上限
周一	3.10	3.05	7.35	0.01*	30	0.33	0.05	−0.07	0.17
周二	2.90	2.99	0.00	0.97	30	0.16	−0.09	−0.22	0.04
周三	3.24	2.97	0.87	0.36	30	0.00***	0.27	0.13	0.40
周四	3.13	2.89	4.38	0.00***	10	0.07	0.23	−0.03	0.49
周五	2.99	2.97	4.29	0.05*	9	0.81	0.02	−0.14	0.18

注：***- Sig.≤0.01；*- Sig. ≤0.05。

进一步通过断点回归方法验证合法车辆在政策更加严格后出行强度变化的显著性（图 3-13）。以政策转换日期为断点，可以看出合法车辆行驶强度在断点处出现了较大幅度的上升,且后续维持在较高水平。政策转变对出行强度的断点局部平均处理效应为+0.33,P值远小于0.01。这一结果说明了政策变严导致出行强度增加的统计显著性。

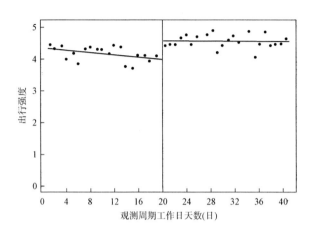

图3-13 合法车辆出行强度在两种限行政策下的断点回归

总体来说,对于合法出行,更为严格的限行政策刺激了出行强度提升,"单双号"政策下非限行车辆会被更加频繁地使用。对于非法出行,政策严格与否尚未改变出行强度特征。

3)政策未达预期的原因之三:备用车辆的使用

本案例通过识别廊坊市"常用车辆数"的变化,来判断尾号限行政策变化后是否有更多的车辆投入使用。相比于机动车保有量,频繁使用的常用车辆数更能代表限行政策影响的车辆群体。因为城市机动车保有量中有部分车辆长期处于闲置状态,这些车辆不是限行政策约束的对象;同时,某些外地车辆,虽然统计上并不属于本地机动车保有量,却经常在本地路网行驶,这些车辆真实地受到限行政策的约束。如果假设在非限行日平均出现的车辆数量代表了该地区频繁使用的常用车辆数,那么可以分别估计各个尾号的常用车辆数。经汇总后,在"五日制"和"单双号"政策下,廊坊地区的常用车辆数分别可以估计为176178辆和206540辆。图3-14分别展示了两种限行政策下估计的常用车辆数和实际道路上的车辆总数的对比情况。统计结果显示,路网中的常用车辆数在"五日制"和"单双号"下分别缩减了14%和39%,仍然低于理论缩减率20%和50%。

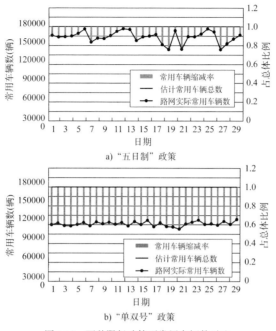

图3-14 两种限行政策下常用车辆数对比

从常用车辆数的估计值来看，从"五日制"到"单双号"增加了30362辆机动车。其中，有10266辆是外地牌照，20096辆是本地牌照，分别占"五日制"政策下常用车辆数的5.8%和11.4%。额外增加的外地常用车辆，可能是用于临时替代被限行的外地车辆，执行原有运输任务。对于额外新增的本地常用车辆，1个月内11.4%的增长率难以归因于本地机动车保有量的自然增长，因为当年廊坊市车辆年增长率约为12%，换算到各月机动车保有量的平均增长率仅为0.95%，因此，11.4%的本地常用车辆数增长可能源于原本闲置的第二辆车的使用。综上，尾号限行政策似乎刺激了外地车辆的替代使用和本地第二辆车的替代使用，二者共同贡献了常用车辆数17%的增长。

3.5 本章小结

本章从数据挖掘的角度探究廊坊市"五日制"和"单双号"限行政策的实证效果。在限行政策从"五日制"转换为"单双号"之后，交通量并未按照理论预期缩减37.5%，实际观测到的交通量平均缩减率约为8.74%。针对这一现象，通过数据挖掘与显著性分析,发现了社会公众针对尾号限行政策的3项行为反馈,即,违法行为的增加、出行强度的提升、闲置车辆的使用,可能是导致限行政策效果未达预期的原因。

具体研究结果表明,"五日制"政策下33.39%的受限车辆会违反政策,"单双号"政策下21.97%的受限车辆会违反政策,但是由于"单双号"政策限制的车辆基数更大,导致"单双号"政策下路网中的实际违法车辆比例为17.9%,高于"五日制"政策下路网中的实际违法车辆比例(8.12%)。

在出行强度方面,"单双号"政策下合法行驶的车辆出行强度较"五日制"政策下提升了12%,这意味着限行日期被抑制的出行需求可能发生了时间转移,在非限行日期得到了满足,相应地产生了额外的交通量。

此外,从实证数据中能够发现限行政策下出现了"闲置车辆使用"的情况,从"五日制"转换到"单双号"政策的一个月内,路网中的常用车辆数增加了17%,意味着人们可能通过备用车辆来满足日常出行需求。

整体而言,尽管更加严格的"单双号"限行政策没有带来预期的流量缩减,但是实际路网运行速度依然得到了较为显著的改善。在早高峰时段、晚高峰时段和平峰时段,道路网络平均行驶速度分别提高了23.30%、12.85%和8.21%,交通拥堵问题得到了一定的缓解。

基于案例分析所揭示的3项限行政策下的公众反馈,可以从以下方面改善尾号限行政策的规划、设计、实施:

(1)违反政策行为的控制。

考虑当前的社会经济发展状况、限行政策实施、违法行为的执法情况等,可以发现限行政策下的违法出行罚款力度相对较低。部分机动化出行群体可能将概率性的罚款视为一种出行成本,所以不论限行与否,都愿意承担被罚款的风险,通过驾车的方式完成日常出行。

从收入和时间价值角度而言,违法出行的成本与收益之间存在一定的权衡。在相同的处罚机制下,收入水平相对较低的城市比收入水平相对较高的城市限行政策执行效果更好。因为收入水平较高的违法者仍然能够从限行政策下的违法出行中获得一定的效益,并且违法出行的概率处罚对这部分群体而言是可以承受的。因此,对于收入水平较高的城市,可以适当增加处罚力度和执法力度,提升违法出行的成本。

此外,相比于收入不均衡的城市,收入均衡的城市更容易开展尾号限行政策。因为在收入较平衡的社会群体中，更容易建立合理的处罚机制来限制政策下大部分的违法出行。同时，也在一定程度上避免了政策之下的不公平性问题。

（2）出行强度提升的控制。

从实证案例数据分析结果以及当前阶段的研究成果来看，尾号限行政策往往促使出行需求完成"时间转移"或者"空间转移"，即，限行日的出行需求被转移到非限行日，限行区域的出行需求被转移到非限行区域，导致非限行时空范围内的机动化出行强度提升。然而，这并不是尾号限行政策的初衷。

尾号限行政策的目标是实现出行需求的方式转移，即，从个体化、高排放的小汽车出行转移到集约化、低排放的公共交通、绿色交通出行（例如公交、地铁、拼车、自行车等）。为了诱导限行政策下的方式转移，城市交通管理者一方面需要注重公共交通和慢行交通的系统优化、布局完整、网络衔接，为被限行的机动化出行者提供更有吸引力的替代方式，保证限行政策长期有效地开展；另一方面，对于私人小汽车的态度和情感动机是决定车辆使用的重要因素[27-28]，低碳出行的认知和交通政策的接受程度也影响着尾号限行政策的效果和可持续性[17,29]，因此，在尾号限行政策实施的整个过程中应开展绿色出行宣传和引导，重新塑造公众的可持续出行理念。

此外，小汽车限行政策之下的豁免车辆（例如开展公共服务的车辆）仍需加强监管，避免滥用，防止此类合法上路车辆出行强度的额外提升。

（3）备用车辆使用的控制。

为了防止本地和外地备用车辆的使用，在开展尾号限行政策时，需要做好其他配套政策的协同实施。

例如，一方面，需要针对外地车辆制定特定的限行政策（例如，办理"进城证"并在一定时段内限制其进入次数等），而不是与本地车辆采取一致的尾号限行策略。这样可以避免周边城市通过"替代车辆"的方式制造更多的机动化出行源头，防止外地车辆在本地频繁使用的情况。

另一方面，为了防止本地替代车辆的使用，尾号限行政策可能也需要配合限购政策协同实施，降低"第二辆车"的拥有率，避免扩大本地机动化出行源头。

本章参考文献

[1] CHOWDHURY S, DEY S, TRIPATHI S N, et al. "Traffic intervention" policy fails to mitigate air pollution in megacity Delhi[J]. Environmental Science & Policy,

2017, 74(2017): 8-13.

[2] HUANG H, FU D, QI W. Effect of driving restrictions on air quality in Lanzhou, China: Analysis integrated with internet data source[J]. Journal of Cleaner Production, 2016, 142(2017): 1013-1020.

[3] KLUNGBOONKRONG P, JAENSIRISAK S, SATIENNAM T. Potential performance of urban land use and transport strategies in reducing greenhouse gas emissions: Khon Kaen case study, Thailand[J]. International Journal of Sustainable Transportation, 2017,(1): 85-90.

[4] HWANG K S, SHIN Y E, KO T H, et al. Assessing the Effects of the Vehicle Restriction Policy: U-do Island in Jeju-Do, Korea[C]. Fukuoka: Proceedings of the Eastern Asia Society for Transportation Studies, 2011.

[5] XU J, MA J. Economic analysis of driving restriction by car tail number[C]. Fukuoka: Proceedings of the World Automation Congress, 2012.

[6] SUN C, ZHENG S, WANG R. Restricting driving for better traffic and clearer skies: Did it work in Beijing?[J]. Transport Policy, 2014, 32(1): 34-41.

[7] LIU Y, HONG Z, LIU Y. Do driving restriction policies effectively motivate commuters to use public transportation?[J]. Energy Policy, 2016, 90: 253-261.

[8] GALLEGO F, MONTERO J P, SALAS C. The effect of transport policies on car use: A bundling model with applications[J]. Energy Economics, 2013, 40(6): S85-S97.

[9] LU X. Effectiveness of government enforcement in driving restrictions: a case in Beijing, China[J]. Environmental Economics & Policy Studies, 2016, 18(1): 63-92.

[10] LI R, GUO M. Effects of odd-even traffic restriction on travel speed and traffic volume: Evidence from Beijing Olympic Games[J]. Journal of Traffic & Transportation Engineering, 2016, 3(1): 71-81.

[11] XU M, GRANT-MULLER S, GAO Z. Implementation effects and integration evaluation of a selection of transport management measures in Beijing[J]. Case Studies on Transport Policy, 2017, 5(4): 604-614.

[12] GENG J, LONG R, CHEN H, et al. Urban residents' response to and evaluation of low-carbon travel policies: Evidence from a survey of five eastern cities in China[J]. Journal of Environmental Management, 2018, 217: 47-55.

[13] WANG L, XU J, QIN P. Will a driving restriction policy reduce car trips?—The case study of Beijing, China[J]. Transportation Research Part A Policy & Practice, 2014, 67(67): 279-290.

[14] VIARD V B, FU S. The effect of Beijing's driving restrictions on pollution and economic activity[J]. Journal of Public Economics, 2015, 125(8): 98-115.

[15] GODDARD H C. Optimal restrictions on vehicle use for urban sustainability for Mexico City[J]. International Journal of Environment & Pollution, 1997, 7(3): 357-374.

[16] MOHAN D, TIWARI G, GOEL R, et al. Evaluation of odd-even day traffic restriction experiments in Delhi, India[Z]. Transportation Research Record. 2017: 9-16.10.3141/2627-02.

[17] JIA N, ZHANG Y, HE Z, et al. Commuters' acceptance of and behavior reactions to license plate restriction policy: A case study of Tianjin, China[J]. Transportation Research Part D: Transport and Environment, 2017, 52: 428-440.

[18] GUERRA E, MILLARD-BALL A. Getting around a license-plate ban: Behavioral responses to Mexico City's driving restriction[J]. Transportation Research Part D: Transport and Environment, 2017, 55: 113-126.

[19] YANG J, LIU Y, QIN P, et al. A review of Beijing's vehicle registration lottery: Short-term effects on vehicle growth and fuel consumption[J]. Energy Policy, 2014, 75: 157-166.

[20] LI J, WU P, ZHANG W. Car Ownership Choice Analysis under the Vehicle Quota Restriction Policy: A Case Study of Guangzhou[J]. International Journal of Emerging Engineering Research and Technology, 2015, 3(12): 92-102.

[21] XU Y, ZHANG Q, ZHENG S. The rising demand for subway after private driving restriction: Evidence from Beijing's housing market[J]. Regional Science & Urban Economics, 2015, 54: 28-37.

[22] LI H, GRAHAM D J, MAJUMDAR A. The impacts of speed cameras on road accidents: An application of propensity score matching methods[J]. Accident Analysis & Prevention, 2013, 60: 148-157.

[23] LI H, GRAHAM D J, MAJUMDAR A. The effects of congestion charging on road traffic casualties: A causal analysis using difference-in-difference estimation[J].

Accident Analysis & Prevention, 2012, 49: 366-377.

[24] OU Y, BAO Z, THOMAS NG S, et al. Estimating the effect of air quality on Bike-Sharing usage in Shanghai, China: An instrumental variable approach[J]. Travel Behaviour and Society, 2023, 33: 100626.

[25] PERCOCO M. Heterogeneity in the reaction of traffic flows to road pricing: a synthetic control approach applied to Milan[J]. Transportation, 2015, 42(6): 1063-1079.

[26] LI M, PAN X, YUAN S, et al. Investigating the Influence of a New Ride-Hailing Policy on Air Quality Using Regression Discontinuity Design[J]. Journal of Urban Planning and Development, 2023, 149(1): 05022051.

[27] VAN H T, CHOOCHARUKUL K, FUJII S. The effect of attitudes toward cars and public transportation on behavioral intention in commuting mode choice—A comparison across six Asian countries[J]. Transportation Research Part A: Policy and Practice, 2014, 69: 36-44.

[28] LIU D, DU H, SOUTHWORTH F, et al. The influence of social-psychological factors on the intention to choose low-carbon travel modes in Tianjin, China[J]. Transportation Research Part A: Policy and Practice, 2017, 105: 42-53.

[29] JIA N, LI L, LING S, et al. Influence of attitudinal and low-carbon factors on behavioral intention of commuting mode choice—Across-city study in China[J]. Transportation Research Part A: Policy and Practice, 2018, 111: 108-118.

第4章

限行政策的威慑作用与公众的遵从行为

注：**本章内容最初发表情况** Zhiyong Liu, Ruimin Li*. Will the vehicle restriction policy maintain a long-term deterrent effect?. IET Intelligent Transport Systems, 2020, 14(6): 562-569。

Zhiyong Liu, Ruimin Li*, Xiaokun (Cara) Wang, Pan Shang. Noncompliance behavior against vehicle restriction policy: A case study of Langfang, China. Transportation Research Part A: Policy and Practice, 2020, 132: 1020-1033。

前面章节的分析以及相关的其他研究都表明，当城市实施小汽车限行政策时，难以保证出行者会有100%的遵从率，由此也带来了小汽车限行政策能否明显改善交通拥堵、减少尾气排放等问题。此外，交通执法一直是道路交通管理中的重要手段，为了确保限行政策的良好实施，各地政府必然要配套相应的交通执法手段和政策，即要形成对出行者违法的威慑作用。数据的丰富使得了解政策的威慑作用与公众的遵从行为之间的相互关系有了新的手段，本章结合具体城市限行政策的实施探讨二者的相互作用。

4.1 概　　述

政策会对公众产生一定的威慑作用，公众则在政策之下采取合理的遵从行为。在威慑作用与遵从行为的共同作用之下，形成了政策与公众互动的实证结果。

4.1.1 政策威慑作用概述

一般而言，政策的威慑作用可以被定义为通过隐性或明确的措施来保证受众不采取失约行为的能力。政策威慑作用生效，往往意味着受众认为失约的代价高于失约的收益，使得受众继续采取原有的遵从行为。

关于威慑理论（Deterrence Theory）的研究起源于20世纪40~60年代。随着政策制定科学化的发展，威慑理论逐渐被应用于政策和法律制定环节，通过合理设计惩罚措施的严厉程度，调和个体在失约行为中的成本与效益[1]。

威慑作用可以划分为绝对威慑（absolute deterrence）和限制性威慑（restrictive deterrence）两类。绝对威慑是指人们恐惧于可能受到的惩罚而自始至终不采取任何失约行为[2]。绝对威慑作用不论个体是否存在历史失约行为，只要从某一时间开始，个体决策不再采取失约行为，这样的决策便是绝对威慑的作用，实现个体充分遵从的效果。限制性威慑关注曾经至少采取过一次失约行为的个体（即有失约记录的个体），在此类个体意识到可能会受到更严厉的惩罚后，决策避免再次采取同一失约行为，这样的决策便是限制性威慑的作用，实现了降低个体失约行为频率的效果。因此，可以通过探究小汽车限行政策之下的失约行为（包括首次违反政策行为和违反政策的频率等），测度限行政策的绝对威慑与限制性威慑作用，从而论证限行政策的长期有效性。

此外，关于政策威慑作用的研究表明，单纯地提升惩罚力度对于威慑失约行为而言可能作用有限，因为人们对于具体政策及其惩罚措施往往缺乏直观认知和理性判断，同时人们往往因存在侥幸心理而不顾潜在的惩罚措施。然而，从政策下的执法角度而言，提高失约行为被纠察的概率、提高个体对于"失约容易被纠察"的感知，可能比惩罚措施本身更具威慑力。例如，在交通执法过程中，通过交通警察巡逻、设置重点检查点等措施，能够较为有效地威慑公众违反交通法规的行为。这些提升威慑作用的思路在改善交通政策实施效果的过程中具有重要意义。

4.1.2 公众遵从行为概述

在社会心理学领域，公众遵从行为（Compliance）可以理解为是对明确或隐含要求（例如政策法规或宣传倡议）的服从性反馈[3]。遵从行为实际上是社会影响的一种表现形式，即，通过外在信息对社会公众的思想、感受、态度产生影响，从而规范个体的行为活动，达到管理的目标[4]。因此，对于交通政策下的遵从行为进行研究，有助于从理论和实践的角度改善政策的制定与公众的遵从之间的互动关系。

传统意义上，关于遵从行为的研究主要通过实验方法，讨论个体对于客观社会约束的遵守程度和行为反馈。例如，艾什遵从实验（The Asch Conformity Experiment）通过"标准线段选择"实验中预先安排部分群体作出错误选择，探究个体在群体决策压力影响下的遵从行为[5]；斯坦福监狱实验（The Stanford Prison Experiment）在模拟监狱环境下为实验人员分配警卫和囚犯角色，探究特定环境下个体对具体约束的遵从行为及其心理特征的变化[6]。

社会心理学领域对于遵从行为的研究则主要讨论个体在经历显式或隐式社会影响时的心理和行为变化，主要分析方法如下：

（1）"通过遵从满足需求"的社会影响分析。

这一领域主要讨论个体是如何在社会影响下通过遵从行为来满足特定需求的。具体而言，此类社会影响又区分为"信息型社会影响"和"规范型社会影响"。

信息型社会影响认为个体倾向于遵从权威群体或社会规范认为正确的事情，以提升行为的准确性，避免由于个体信息不足带来的损失，即通过遵从满足个体对于准确性的需求。

规范性社会影响认为，个体在归属感的驱动下，为了维护特定的社会关系会遵从社会交换的规范，即通过遵从满足个体对于归属感的需求。

（2）"遵从是多因素产物"的社会影响分析。

在该领域，比布拉塔纳（Bibb Latané）提出了社会影响理论，认为个体在特定社会影响下表现出对群体的遵从行为主要受制于3个因素——强度（strength）、接近性（immediacy）、人数（number）[7]。

强度因素指出，强大的群体会导致个体更加遵从。

接近性因素指出，个体倾向于对与其关系更近的群体展现出顺从，例如亲戚、朋友等。

人数因素指出，遵从性会随着群体人数的增加而增加，但是遵从性随人数增长的边际效果是呈现递减趋势的。

（3）提升遵从性的技术方法。

社会心理学领域有很多技术策略能够提高个体的遵从性。

以退为进法（"Door-in-the-Face" Technique）：首先提出较高的要求，当个体不愿接受时，提出较为缓和且合理的要求，促使个体因难以再次拒绝该要求而采取遵从行为[8]。

登门槛法（"Foot-in-the-Door" Technique）：首先提出小要求并获得个体的遵从行为，进而便有机会促使个体在更大的要求下采取遵从行为[8]。

折扣技巧（"That's-Not-All" Technique）：在个体决定采取遵从行为时，通过给出更具有吸引力的优惠政策，促使个体在更大范围的事物上采取遵从行为[9]。

低球技术（The "Lowball" Technique）：通过较低的要求鼓励个体采取遵从行为，进入并习惯特定要求，进而在后续环节提出更高的要求，且前序和后序要求之间具有联系性[10]。

互惠策略（Reciprocity Technique）：在互惠机制下，个体有意愿采取服从行为[11]。

（4）SIFT-3M模型。

大卫·斯特拉克（David Straker）提出了一种心理学模型（Sensing-Inferring meaning-Formating intent-Translating intent to action-Memory-Motivatiors-Musing Modeling，SIFT-3M模型）来描述个体关于遵从行为的心理决策过程[12]。该模型模拟了个体认知世界、逻辑思维、行动决策的过程，并将这一系列过程转化为感知、内涵推断、意向格式化、意向行动化、记忆、动机、沉思等阶段，讨论信息和状态在各个阶段的流动过程。

实际上，交通政策下的遵从行为亦是社会心理学研究的范畴，同样可以参考社会心理学的分析范式，融合交通工程实证数据挖掘的方法，探究各类交通政策下社会公众的遵从行为、影响因素、提升策略。社会心理学各项提升遵从行为的技术策略，仍然可以通过合理实施，因地制宜地应用于交通政策的推广普及过程。

4.2 相 关 研 究

4.2.1 小汽车限行政策威慑作用研究现状

过去的数十年中，很多研究关注城市中小汽车的限行政策给交通系统[13-17]和城市环境[18-23]带来的积极效益。然而，这些积极效益能够持续多久，很大程度上取决于限行政策的威慑作用。

参考既有关于政策威慑作用的研究[24-26]，小汽车限行政策的威慑作用可以定义为防止社会公众产生违反政策行为的能力。前文中我们谈到政策的威慑作用可以划分为绝对威慑和限制性威慑，前者强调政策促使个体保持纯粹的遵从行为，后者则强调政策能够将个体失约情况控制在较低水平。因此，关于小汽车限行的威慑作用的研究，便可以从政策之下公众的失约行为入手，通过观测政策实施后个体的纯粹遵从行为来分析政策的绝对威慑作用，通过观测政策之下个体的违法频率来评价政策的限制性威慑作用，并讨论政策的不同威慑作用的持续时间。

目前也有一些类似的研究，关注了交通罚分规则对交通违法的威慑作用[25]、警务巡逻对治安问题的威慑作用[26]、证券交易委员会对非法内幕交易的威慑作用[27]以及刑罚对恶劣犯罪行为的威慑作用[24]等，探究如何通过各类管理手段实现对违法违规行为的抑制。同时基于长期观测数据，既有研究也讨论政策的长期威慑效应。有研究[28]通过分析1976—2002年的交通事故历史数据，证明了罚款和监禁措施对酒后驾驶行为的长期威慑效果。有研究[29]基于交通罚款与罚分制度实施一年后的调查数据，运用负二项式回归模型估计了该惩罚机制的长效作用。还有研究[30]利用集计的交通违法行为历史数据，分析了丹麦交通罚分制度和吊销机动车驾驶证手段的长期威慑效果。

尽管部分研究已经开始讨论小汽车限行政策下的违法行为，例如，在我国的北京[31]和廊坊[15]、智利的圣地亚哥[32]、印度的德里[23]开展的案例研究，揭示了违法出行的存在。还有研究讨论了居住区位、收入水平[33]、出行距离[34]等因素对违反政策出行行为的影响。然而，这些研究并没有在政策的威慑作用与公众的违法行为之间建立联系，缺乏对于小汽车限行政策长期威慑效应的讨论。

4.2.2 小汽车限行政策下的公众遵从特征

社会公众的遵从行为有助于限行政策实现预期的各种效益，同时促进政策长期持续推广。反之，社会公众的违法行为，则制约着限行政策的效果与可持续性[35-37]，同时容易产生负面社会影响，刺激机动化出行者效仿此类违反政策的行为。因此，从交通管理者抑制政策之下违法行为的角度而言，对限行政策下的违法行为进行解析，分析个体在违反政策后出行过程中的效益和成本，探讨违法出行者在风险行为决策过程中的心理特征等工作，是交通政策有效实施的重要基础。

在各个国家实行的小汽车限行政策下，均观察到违法行为的存在。例如，学者们发现在北京"五日制"限行政策的情况下，在较高守法率的条件下仍然有违反政策的情况[31]；印度德里约有25%的被限行车辆会违反"单双号"政策[23]。

很多研究通过专项居民出行调查探究违反政策的出行行为特征。例如，有研究基于北京市出行调查开展案例分析，揭示出远离市中心或收入相对较高的群体更有可能违反"单双号"限行政策[33]。另一项基于调查的案例研究显示，由于短距离违法出行被纠察的风险较低，因而短距离出行者更容易产生违法出行为[34]。还有部分研究在出行行为分析的基础之上，解析出行者态度因素对低碳交通政策有效性的影响[38]，研究结果显示象征性和情感性动机[39]、感知有效性和社会规范[40]会对限行政策下的遵从行为产生影响。

虽然问卷调查的方法能够从心理学和行为学的角度分析限行政策下遵从行为的特征，但是受制于调查成本、调查范围、回答真实性等因素，通过问卷方法获得可靠性结论往往具备挑战性。

实际上，随着数据时代的到来，目前各个城市有更多的办法去获取能够客观反映限行政策下出行者遵从行为的数据。例如，遍布城市各个交叉路口和路段的视频卡口数据，清晰记录着近乎全样本的机动车出行情况。通过数据挖掘手段，能够从卡口数据中获取机动车实际遵从行为及其出行特征等信息，从而有效支撑限行政策下遵从行为的研究。进一步可以将卡口数据与调查数据相结合开展政策下的遵从行为研究，汇聚客观实证信息与个人意向行为信息，挖掘更多具有实际价值的内在规律。

4.3 限行政策的长期威慑作用

本节基于河北省廊坊市"五日制"与"单双号"的限行场景，应用2016年11月和12月廊坊市区卡口检测器数据，开展基于大规模车牌识别数据探究小汽车限行政策长期威慑作用的实证分析，探究限行政策实施后的绝对威慑作用持续时间及其影响因素。具体的限行区域、政策信息、执法措施、数据描述见第3章案例部分。

4.3.1 方法框架

如前文所述，威慑作用可以分为绝对威慑与限制性威慑，前者关注政策之下个体从不违法的状态，后者则关注政策之下个体的违法频率。分析政策的限制性威慑作用较为简单，通过政策下的违法频率高低即可说明限制性威慑作用的强弱。然而，政策的绝对威慑作用则较难量化评价，主要是因为政策之下不同个体对政策保持绝对遵从的期限存在巨大的差异性，难以通过阶段性的数据收集进行分析研判。

实际上，一项政策下个体的第一次违反政策行为被视为一个重要事件，因为首次违法后，个体由于决策惯性和心理适应等因素倾向于接连不断地采取违法行为[41-42]。所以，探究从政策开始实施到个体第一次发生违法行为的时间期限，对于解释政策的绝对威慑作用具有重要意义。

基于上述逻辑，设计了小汽车限行政策绝对威慑作用的分析评价方法框架。首先将个体从限行政策实施开始到出现第一次违反政策行为的期限，定义为个体对政策的绝对遵从期限。在绝对遵从期限内，个体保持对政策纯粹的遵从而不产生违法行为；一旦超过该期限，个体采取违法行为的概率会大幅上升。那么，本案例一方面需要证明发生过违法行为的个体是否会不断激发后续的违法行为，即违法行为存在惯性，从而说明探究政策绝对威慑作用的重要性；另一方面，本案例需要量化个体绝对遵从期限的变化特征及其影响因素，从而反观政策的绝对威慑作用有效期限。具体研究方法框架如图4-1所示。

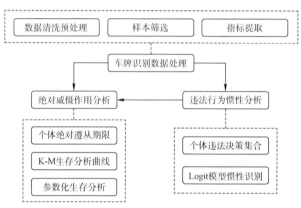

图4-1 限行政策绝对威慑作用研究框架

在车牌识别数据处理环节，主要开展三部分工作：

（1）数据清洗预处理。主要剔除不受政策约束的出租汽车、公交车以及公共服务用车等车辆的数据记录；剔除信息采集错误的车辆记录。

（2）样本筛选。案例数据集包含2个月的数据，其中11月覆盖廊坊市"五日制"限行政策，12月覆盖廊坊市"单双号"限行政策。因此，"单双号"限行政策可以被视为一项新实施的政策，作为本案例分析政策绝对威慑作用的研究对象；"五日制"政策下的数据样本则为本案例研究提供充分的个体历史信息和特征参数。筛选出在"五日制"和"单双号"的每个非限行日期均被观测到出行信息的车辆作为研究样本，包括7807辆小汽车。这一研究样本主要具有以下三个优势：首先，这些样本车辆具有稳定的出行需求，从而提高了模型分析的可靠性；其次，在使用生存分析方法探究"单双号"政策下的个体绝对遵从期限时，消除了样本集中的数据删失和数据截断问题；最后，可以针对这一样本数据集进行如下假设，假设车辆在每个工作日都有出行需求，这一假设是针对车辆违法出行行为惯性进行建模的前提。

（3）指标提取。基于车牌识别数据提取了7807个样本的四类指标，包括：历史违法频率，即车辆在"五日制"政策实施期间的违反政策出行次数；车牌属地指标，即一个二元变量，用"0"表示车牌为本地注册，用"1"表示车牌为外地注册；日出行距离，即车辆在"单双号"政策下非限行日期的平均日行驶距离，基于Floyd最短路径算法[43-44]，将各个样本车辆在一天内的观测点位进行路径串联，计算车辆在道路网络中被连续检测到的两个点位之间的最短距离，进而整合出该车辆在一天内的总体出行距离；起点到市中心的距离，表示车辆最常用的起点点位到市中心的最短距离。样本数据集中四项特征指标的统计情况如表4-1所示。

所提取车辆个体特征的统计结果　　　　　　表4-1

特征指标	指标类型	均值	标准差	偏度	峰度
历史违法频率	数值型	0.55	1.02	2.19	4.72
车牌属地指标	二元变量	"0"：6849个样本		"1"：958个样本	
日出行距离（km）	数值型	12.18	9.40	3.11	13.90
起点到市中心的距离（km）	数值型	2.74	1.35	0.57	0.52

在违法行为惯性分析环节，主要开展两项工作：

（1）个体违法决策集合构建。样本车辆被假设在每个工作日都有出行需求，因为样本筛选过程保证了每个车辆在非限行日都有出行记录，那么，这些车辆在限行日期或遵从政策避免驾驶出行，或违反政策选择驾驶出行。因此，在每个限行日，样本车辆都必须决策是否违反政策出行。如果观察到某辆车在限行日行驶，那么，该车辆在当天的决策是"违反政策"；否则，车辆的决策是"遵从政策"。在廊坊市"单双号"政策为期一个月的观察内，每个样本车辆都有11个限行日。因此，基于数据集获取了7807辆样本车辆在11次连续决策下的决策结果信息，若车辆决策违反政策则将决策变量记为"1"，若车辆决策不违反政策则将决策变量记为"0"。这一决策集为后续建模提供基础。

（2）Logit模型惯性识别。使用Logit模型来证明个体违反政策行为是存在惯性特征的。具体而言，Logit模型探究个体在过去5个限行日期关于是否违反政策的决策作为自变量，探究其对当前限行日期违法决策的影响。此外，历史违法频率、车牌属地指标、日出行距离、起点到市中心的距离被用作 Logit 模型中的控制变量。

在绝对威慑作用分析环节，主要开展三项工作：

（1）个体绝对遵从期限构造：基于车牌识别数据统计 7807 个样本车辆在"单双号"政策实施期间的绝对遵从期限。

（2）K-M 生存分析曲线绘制：使用 Kaplan-Meier（K-M）生存分析模型展示各个因素影响下个体绝对遵从期限的差异性变化。K-M 模型是一种经典的非参数化生存分析模型，基于观察到的实际数据描述生存函数曲线[45]。尽管该模型不能量化个体遵从期限与影响因素之间的关系，但是通过 K-M 模型比较不同样本组之间的生存函数曲线，能够帮助认知风险（hazard）特征的变化趋势。

（3）参数化生存分析建模：基于共享脆弱模型（Shared Frailty Model）来量化个体遵从期限的演化特征及其相关指标的影响程度。共享脆弱模型是一种具有特定风险（hazard）函数分布的参数化生存分析模型[46]。该模型引入了一个脆弱因子，通常假定其服从均值为 1、方差待定的 Gamma 分布、Log-Normal 分布或者 Inverse-Gaussian 分布，以处理样本间未观察到的异质性特征。该模型可以标定基本风险函数和生存函数，以刻画个体绝对遵从期限的特征。本案例应用了加速失效时间建模而非比例风险建模，以直接描述影响因素对个体遵从期限的影响。本研究中的共享脆弱模型的条件风险函数如下：

$$h_{i,j}(t|\omega_i, \overline{X}) = \omega_i h_{ij}(t|\overline{X}) \tag{4-1}$$

式中，ω_i 代表第 i 个样本聚类的脆弱因子，可以假设其服从 $E(\omega_i) = 1$ 且 $\mathrm{Var}(\omega_i) = \theta$ 的 Gamma 分布或 Gaussian 分布；$h_{ij}(t|\overline{X})$ 在没有任何协变量影响条件下等价于基本风险函数 $h_0(t)$，在有协变量影响的条件下 $h_{ij}(t|\overline{X})$ 可以基于协变量方程 $\exp(-\alpha_0 - \sum_{k=1}^{K} \alpha_k X_{i,j,k})$ 进行估计，其中 $X_{i,j,k}$ 代表第 i 个样本聚类中第 j 个样本个体的第 k 个协变量，α_k 代表加速失效时间建模下协变量对应的参数，$\exp(\alpha_k)$ 即为加速因子，表示协变量 $X_{i,j,k}$ 每发生一个单位变化所导致的个体绝对遵从期限的变化率。在本案例中，历史违法频率、车牌属地指标、日出行距离、起点到市中心的距离被用作共享脆弱模型中的协变量。此外，本案例考虑风险函数服从 Weibull 分布、log-normal 分布以及 log-logistic 分布的情况。

4.3.2 违反限行政策行为的惯性特征

基于Logit模型探究过去5个阶段个体的违法行为决策是否影响当前阶段的违法决策。表4-2展示了具体结果,其中,从变量"t-1阶段决策"到"t-5阶段决策"表示过去5个阶段的违法决策,以0表示"遵从",以"1"表示"违法"。结果显示,在控制了4个影响因素的条件下,过去5个阶段的违法决策均对当前阶段违法决策具有显著促进影响。即,如果先前已经作出了违反限行政策的决策,那么,当前阶段的决策更有可能继续保持这种违法决策。此外,过去5个阶段违法决策的估计参数进一步显示,历史决策对当前决策的影响与时间间隔有关。即,距离当前决策较近的历史决策将对当前决策产生更大的促进影响。例如,如果个体在"t-1"日作出了"违法"的决策,当前阶段采取"违法"决策的odds ratio将增加4.81倍;对应地,在"t-2"日违法则增加3.22倍;在"t-3"日违法则增加2.80倍;在"t-4"日违法则增加2.25倍;在"t-5"日违法则增加2.61倍。

Logit模型验证违法决策的惯性特征 表4-2

指标	估计参数	标准误	P值
截距项	-3.70	6.31×10^{-2}	$<2\times10^{-16}$***
t-1阶段决策	1.57	5.47×10^{-2}	$<2\times10^{-16}$***
t-2阶段决策	1.17	5.78×10^{-2}	$<2\times10^{-16}$***
t-3阶段决策	1.03	5.97×10^{-2}	$<2\times10^{-16}$***
t-4阶段决策	0.81	6.12×10^{-2}	$<2\times10^{-16}$***
t-5阶段决策	0.96	6.08×10^{-2}	$<2\times10^{-16}$***
历史违法频率	0.25	1.78×10^{-2}	$<2\times10^{-16}$***
车牌属地指标-1[a]	0.19	5.82×10^{-2}	1.27×10^{-3}***
日出行距离	1.10×10^{-6}	2.59×10^{-6}	0.67
起点到市中心的距离	1.93×10^{-5}	1.56×10^{-5}	0.22

注:[a]车牌属地指标-0被视为哑元变量;***- Sig.≤0.01;*- Sig.≤0.05。

本案例在是否违反车辆限行政策的决策中发现了一种惯性,个体一旦采取了违法的决策,由于决策行为的惯性和心理的适应,个体在未来会倾向于采取更多违反政策的决策。因此,我们应该关注并约束个体的首次违反政策行为,提升并保持政策的绝对威慑作用。

4.3.3 个体绝对遵从期限的非参数化分析

为了有策略地改善政策的绝对威慑作用，需要先解析政策威慑作用的特征和影响因素。本案例使用个体的绝对遵从期限，反向表征政策的绝对威慑作用有效期限，并使用K-M生存分析模型对比不同变量影响下的样本遵从期限变化差异。

分别基于历史违法频率、车牌属地指标、日出行距离、起点到市中心的距离4个指标，将样本车辆划分成可比较的两组。在各组间开展K-M模型，以对比4个影响因素对个体绝对遵从期限的影响，结果见图4-2。

图4-2显示，无论车辆样本属于哪个样本组，其绝对遵从期限的曲线都呈现下降趋势。这一结果表明，个体对政策的遵从性会随着时间的推移而逐渐减弱且不可避免。换句话说，车辆限行政策的绝对威慑作用会随着时间不断衰减。

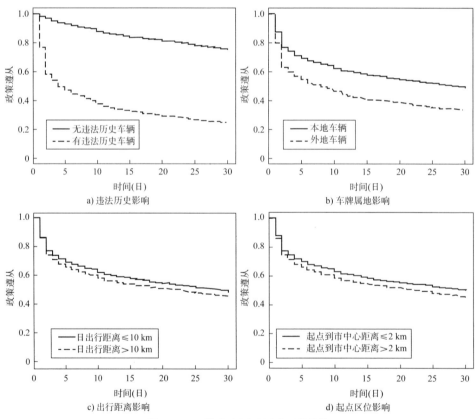

图4-2 K-M模型对比组间生存函数曲线

根据历史违法频率指标，样本车辆可以分为两类：没有违法记录的车辆和有违法记录的车辆。图4-2a）显示了这两种类型车辆在"单双号"政策下的绝对遵从期限变化曲线。结果显示，两条曲线分布具有较为明显的差异；根据log-rank检验P值接近于0这一条件[47]，可判断两条曲线之间的差异在统计上是显著的。有违法记录❶的车辆，其遵从期限曲线在"单双号"政策实施初期就出现了陡然下降；没有违法记录的车辆，其遵从期限曲线在"单双号"政策实施后保持较为稳定且缓慢下降趋势。容易理解，这两类车辆对新实施的限行政策持有不同的态度。有违法记录的车辆习惯于违反政策出行，不管新政策的威慑作用如何，都不愿意采取遵从行为。在新政策实施后的5天内，超过一半有违法记录的车辆已经违反了政策。没有违法记录的车辆在新政策实施后，仍然倾向于遵从规定。在观测周期结束时（即，政策实施后的30天内），没有违法记录车辆在新政策下发生过违法行为的情况不超过25%。因此，没有违法记录车辆的绝对遵从期限通常高于有违法记录的车辆。

根据车牌属地指标，样本车辆可以分为本地车辆和外地车辆。两个类别的K-M生存函数曲线也呈现出不同的分布（图4-2b），而log-rank检验的P值接近于0再次证明了曲线分布差异的统计显著性。结果表明，与外地车辆相比，本地车辆更容易保持对限行政策绝对的遵从。这可能归因于外地车辆难以被本地交通执法手段约束，且外地车辆存在政策理解性的问题等。

以日出行距离的中位数"10km"为阈值，将样本车辆划分为两组。图4-2c）比较了两组样本绝对遵从期限的K-M曲线。Log-rank检验的P值等于6.27×10^{-4}，两组K-M曲线之间的差异具备统计显著性。日出行距离较短的车辆倾向于具有比日出行距离较长的车辆拥有更久的绝对遵从期限。通常而言，长距离出行会增加个体对机动车的依赖性，并降低他们对车辆限行政策的容忍度。

同样，以"2km"作为起点到市中心距离的阈值，将样本车辆划分为两组。图4-2d）展示了来自两组车辆的绝对遵从期限K-M曲线。这两条曲线显示出相似的分布趋势，仅能大致看出，若是起点距离市中心较近，则车辆倾向于保持更久的绝对遵从；反之，若是起点距离市中心较远，则车辆的绝对遵从期限会相对较短。同样地，log-rank检验P值等于8.22×10^{-5}，验证了这一差异的显著性。

本案例的K-M生存分析模型结果直观地反映出不同影响因素对个体绝对遵从

---

❶ 本处"违法记录"特指违反限行政策的违法记录，而非其他交通违法行为的记录。

期限的影响,为后续参数化生存分析的建模与分析提供了定性与实证认知。

4.3.4 个体绝对遵从期限的参数化分析

基于参数化的共享脆弱生存分析模型可以进一步解析个体绝对遵从期限的变化特征及其影响因素。根据不同的模型构造策略,涉及不同的风险函数分布形式和差异化的共享脆弱因子,一共构造了15个参数化共享脆弱模型。历史违法频率、车牌属地指标、日出行距离、起点到市中心的距离在每个模型中作为协变量。最小化AIC准则用于选择最优拟合的模型。表4-3显示了详细的模型配置和每个模型的AIC。

模型配置与AIC结果值　　　　　　　　　　　　　表4-3

指标	函数		
	Weibull 风险函数	Log-normal 风险函数	Log-logistic 风险函数
无脆弱因子	Model 1.1 29197.56	Model 2.1 28508.59	Model 3.1 28431.93
Gaussian 脆弱因子 (加载于历史违法频率)	Model 1.2 29160.43	Model 2.2 28479.31	Model 3.2 28414.36
Gaussian 脆弱因子 (加载于车牌属地指标)	Model 1.3 29195.99	Model 2.3 28507.05	Model 3.3 28430.29
Gamma 脆弱因子 (加载于历史违法频率)	Model 1.4 —	Model 2.4 28479.18	Model 3.4 —
Gamma 脆弱因子 (加载于车牌属地指标)	Model 1.5 29197.56	Model 2.5 28508.59	Model 3.5 28431.93

注:"—"表示案例数据无法拟合该模型配置。

在表4-3中,每列模型遵循相同风险函数分布。各列AIC的结果对比表明,风险函数服从log-logistic分布的模型(即,Model 3.x)在适应性方面优于服从Weibull分布的模型(即,Model 1.x)和服从log-normal分布的模型(即,Model 2.x)。

在表4-3中,每行模型使用相同的脆弱因子来处理样本中未观察到的异质性。各行AIC的比较结果表明,引入共享脆弱因子到模型中确实能够改善模型的拟合性能。由于实证数据的限制,个别特征的脆弱因子未被考虑。从结果来看,在

第4章 限行政策的威慑作用与公众的遵从行为

"历史违法频率"这一变量中引入脆弱因子,模型拟合效果将优于在"车牌属地指标"中引入脆弱因子的情况。

表4-4展示了各个模型的参数估计结果。具体而言,历史违法频率和车牌属地指标对于个体的绝对遵从期限具有统计显著的负面影响。这一发现与图4-2a)、b)中的结果一致。另外两个协变量,即日出行距离和起点到市中心距离,对个体的绝对遵从产生微量的影响,展现出一定的负面影响。此外,表4-4中不同模型的各个影响因素对个体绝对遵从展现出一致的影响,即,变量参数符号同向性与数值相似性。这一现象表明,共享脆弱生存分析模型的结果具有鲁棒性和可靠性。

表4-4 各个共享脆弱模型的参数估计结果

模型编号	截距项	历史违法频率	车牌属地指标-1[a]	日出行距离	起点到市中心距离
Model 1.1	5.00 ***	−0.84 ***	−0.33 ***	−4.90×10^{-3} *	—
Model 2.1	4.32 ***	−0.82 ***	−0.32 ***	—	−2.90×10^{-2} *
Model 3.1	4.33 ***	−0.86 ***	−0.28 ***	—	−2.99×10^{-2} *
Model 1.2	4.96 ***	−0.83 ***	−0.33 ***	−4.91×10^{-3} *	—
Model 2.2	4.26 ***	−0.80 ***	−0.31 ***	—	−2.94×10^{-2} *
Model 3.2	4.30 ***	−0.85 ***	−0.28 ***	—	−3.03×10^{-2} *
Model 1.3	5.00 ***	−0.84 ***	−0.33 ***	−4.90×10^{-3} *	—
Model 2.3	4.32 ***	−0.82 ***	−0.32 ***	—	−2.90×10^{-2} *
Model 3.3	4.33 ***	−0.86 ***	−0.28 ***	—	−2.99×10^{-2} *
Model 1.4	—	—	—	—	—
Model 2.4	4.27 ***	−0.80 ***	−0.31 ***	—	−2.96×10^{-2} *
Model 3.4	—	—	—	—	—
Model 1.5	5.00 ***	−0.84 ***	−0.33 ***	4.90×10^{-3} *	—
Model 2.5	4.32 ***	−0.82 ***	−0.31 ***	—	−2.90×10^{-2} *
Model 3.5	4.33 ***	−0.86 ***	−0.28 ***	—	−2.99×10^{-2} *

注:[a] 车牌属地指标-0被视为哑元变量;*** - Sig.≤0.01;* - Sig.≤0.05;— 案例数据无法拟合该模型配置。

本案例进一步选择AIC指标最小的模型(即表4-3中的Model 3.2),来解释"单双号"政策下的个体绝对遵从期限的影响因素。Model 3.2采用log-logistic风险函数,并采用一个共享脆弱因子对"历史违法频率"进行聚类。共享脆弱因子的方差为0.0134,且被证明具有统计显著性。这意味着在"单双号"政策下,具有不同历史违法频率的个体在绝对遵从行为上存在显著的异质性。此外,在加速失效时间建模中,每个协变量的估计参数的指数结果,能够量化协变量对个体绝对遵从期限的影响。Model 3.2的结果表明,历史违法频率每增加一个单位,将导致个体绝对遵从期限缩短为原来的43%。外地车辆的绝对遵从期限为本地车辆的76%。当起点至市中心距离增加1km时,个体绝对遵从期限将缩短为原来的97%。而日出行距离对个体的绝对遵从行为影响较小。

式(4-2)展示了Model 3.2所估计的基准风险函数,图4-3绘制了该函数的曲线。

$$h_0(t) = \frac{0.016(0.014t)^{0.18}}{1+(0.014t)^{1.18}} \quad (4\text{-}2)$$

在"单双号"政策实施后,基准风险函数曲线迅速增长,然后在案例分析时段内保持稳定。根据基准风险函数,在政策实施初期个体违反政策的风险(可能性)较低。然而,实证数据结果却显示,在政策初期违反政策的车辆数量相对较多(图4-3)。这说明,在基准风险函数的基础之上,有很多影响因素导致了实际违反政策风险(可能性)的提升。例如,拥有违法记录或者外地车牌等特征,都可能导致个体违反政策的风险显著提升,反映为政策实施初期违法车辆数较多的实证结果。

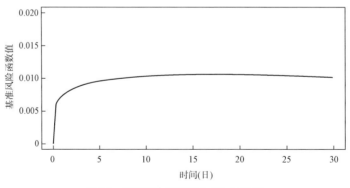

图4-3 基准风险函数曲线(Model 3.2)

图4-4展示了个体绝对遵从期限的理论曲线,以及绝对遵从率从100%下降到0的过程。图4-4中的个体绝对遵从期限是以月为单位计量的。曲线显示,在

政策实施后的一年内，超过90%的个体将至少违反"单双号"政策一次。几乎所有车辆在三年内都将产生过违法行为。这一生存曲线实际上反映了车辆限行政策的绝对威慑作用的变化趋势。随着时间的推移，政策的绝对威慑作用会衰降至较低水平。

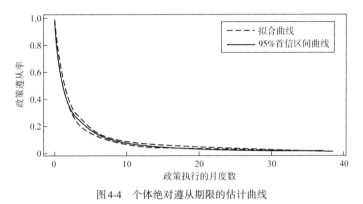

图4-4　个体绝对遵从期限的估计曲线

4.4　限行政策下的非遵从行为特征

本节基于车牌识别数据探究小汽车限行政策之下个体非遵从行为特征的实际情况，解析个体违反政策频率的影响因素及其干涉程度，反映政策的限制性威慑作用。本节所使用数据同4.3节。

4.4.1　研究方法框架

根据第3章实证案例分析结果，廊坊市"五日制"政策下每个工作日被限行的2个尾号车辆的违法率约为33.39%，"单双号"政策下每天被限行的5个尾号车辆的违法率约为21.97%[15]。尽管被限行车辆的违法比例相对较高，已经达到不可忽视的水平，但是从社会车辆总体角度而言，守法车辆与违法车辆的比例是较为悬殊的。也就是说，廊坊路网中，极大部分的车辆是合法出行车辆，在观测周期内其违法频率为0；仅少数车辆在观测周期内发生过违法行为，其违法频率大于0。那么，是什么因素导致少量群体发生违反政策的行为？针对这样一个"大部分样本特征值为0、少量样本特征值非0"的特殊样本，又该如何合理地构建影响因素与违法频率之间的量化关系？这些是本节将要讨论和解决的问题。

不同于既有研究普遍采用问卷调查方法探究小汽车限行政策下的违法行为特征，我们采用了基于大规模车牌识别数据的实证分析方法，从车牌识别数据中提取个体特征实现分析目标。近乎全样本的数据集能够保证分析结果的可靠性和客观性。为了应对样本中"大部分个体违法频率为0"的分布偏差性问题，本案例有针对性地采用零膨胀模型[48]，解析全体机动化出行者违法频率与影响因素之间的关系。具体方法框架如图4-5所示。

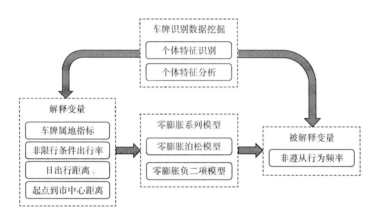

图4-5　非遵从行为特征分析方法框架

首先，在廊坊市"五日制"和"单双号"政策实施期间2个月的车牌识别数据中，通过数据挖掘手段提取车辆个体特征，包括非遵从行为频率、车牌属地指标、非限行条件出行率、日出行距离、常见出行起点、起点到市中心距离等信息。表4-5展示了个体车辆特征的提取情况，涵盖了"五日制"政策下147926辆个体车辆以及"单双号"政策下122228辆个体车辆的统计结果。这些个体车辆特征将用作零膨胀模型的解释变量和被解释变量。

个体车辆特征提取情况　　　　　　　　　　表4-5

个体特征	特征描述	"五日制"均值	"单双号"均值
非遵从行为频率	在单一政策观测周期（即30天阶段）内发生违反政策行为的次数	0.27（0.78）	0.96（2.32）
车牌属地指标	二元变量，以"0"代表本地车辆，以"1"代表外地车辆	本地：42% 外地：58%	本地：63% 外地：37%

续上表

个体特征	特征描述	"五日制"均值	"单双号"均值
非限行条件出行率	个体合法出行实际日期数与个体不被限制出行总日期数之间的比值,用于表征个体日常出行强度	0.17 (0.24)	0.36 (0.32)
日出行距离 (km)	个体在非限行日期被卡口检测器观测到的日均出行距离。这一距离基于最短路径算法估计相邻观测点之间的行车距离,进而获取单日车辆出行距离,最后求得个体在所有非限行日期的出行距离均值	5.39 (4.32)	7.01 (5.35)
常见出行起点	个体出行起点通常被观测到的点位。该点位可以被视为个体车辆从该区域出发的代表点。若以下4个特征点位是同一个点位,则该点位被识别为个体常用出行起点:①"五日制"和②"单双号"政策下,各日10:00之前首次检测到个体车辆出现的最频繁点位;③"五日制"和④"单双号"政策下,各日16:00之后末次检测到个体车辆出现的最频繁点位。经计算,本案例数据集共有99629辆车被识别出常用起点点位	—	—
起点到市中心距离(km)	常用出行起点与市中心点位之间的最短行车路径距离	2.98 (1.37)	3.02 (1.44)

零膨胀模型(Zero-Inflated Models)是用于计数问题的回归模型,其特点在于能够有效应对数据集中包含大量零值的情况。零膨胀模型包含两个过程:零膨胀过程和计数过程。在零膨胀过程中,通过伯努利分布建模,生成结构性0值,描述本质上取值为0的情况。例如,本案例中,大部分个体可能天然地不会采取违法行为,因而其违法频率可能永远保持0值状态,因而适合通过零膨胀过程进行建模拟合。在计数过程中,通过泊松分布或者负二项分布,生成计数结果,其取值可能是大于或等于1的整数。例如,本案例中,部分个体会产生违法行为,其违法频率可能是1次、2次或数次,该频率适合采用计数过程描述。因此,零膨胀模型与本案例探究的个体非遵从行为具有颇为一致的逻辑关系(图4-6),使用零膨胀模型拟合案例数据预期能够带来精细有效的分析结果。

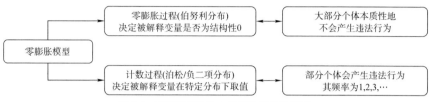

图4-6 零膨胀模型与个体违法行为的联系

实际上,零膨胀模型已经被用于分析交通事故的发生[49-51]。在本案例中,我们采用零膨胀泊松(Zero-Inflated Poisson,ZIP)模型[52]和零膨胀负二项模型(Zero-Inflated Negative Binomial,ZINB)[53],探究究竟哪些因素会加剧部分群体的违法行为。

ZIP模型的构造见式(4-3)和式(4-4),其中X表示个体的违法频率变量,其取值可能为0或x_i(即大于或等于1的整数),ρ代表结构性0值出现的概率,λ代表单位时间内事件的平均发生次数。

$$\Pr(X=0) = \rho + (1-\rho)\cdot e^{-\lambda} \quad (4\text{-}3)$$

$$\Pr(X=x_i) = (1-\rho)\cdot \frac{\lambda^{x_i}e^{-\lambda}}{x_i!} \quad (x_i = 1,2,3,\cdots) \quad (4\text{-}4)$$

ZINB模型的构造见式(4-5)和式(4-6),其中u代表负二项分布的发生概率,r代表负二项分布的形状参数,$\binom{x_i+r-1}{x_i}$代表组合数计算,其余符号与ZIP模型一致。

$$\Pr(X=0) = \rho + (1-\rho)\cdot (1-u)^r \quad (4\text{-}5)$$

$$\Pr(X=x_i) = (1-\rho)\cdot \binom{x_i+r-1}{x_i}\cdot u^r\cdot (1-u)^{x_i} \quad (x_i=1,2,3,\cdots) \quad (4\text{-}6)$$

使用ZIP和ZINB两个模型量化车牌属地指标、非限行条件出行率、日出行距离、起点到市中心距离4个因素对个体车辆非遵从行为的影响。

4.4.2 非遵从行为统计特征

平均而言,在"五日制"和"单双号"政策下,每小时道路上分别有5.92%和11.73%的车辆属于违法车辆。图4-7展示了在这两项政策下,交通流中违法车辆比例的小时分布情况。尽管在一天各个时段内,"单双号"政策下的曲线始终高于"五日制"政策下的曲线,但两者的分布相似。在18:00之前,两条曲线保持平稳，但在18:00之后出现较为明显的涨幅。相对较多的违反政策车辆倾向于在每日限行政策即将结束时段（即18:00—20:00）采取违法行为。在这个时段，由于每日限行即将结束，违反政策行为即将合法化，且交通执法在夜间可能相对薄弱，因此增强了违法出行者的侥幸心理。

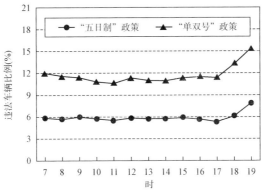

图4-7 违法车辆比例在各时段分布情况

表4-6展示了本案例中所有样本车辆在观测周期内的违法频率分布情况。在廊坊市"五日制"和"单双号"政策下各一个月的观测周期内，某一车辆分别最多被限行6天和15天。因此，在两种政策下，非遵从行为的频率分别在0~6和0~15之间波动。根据统计结果，分别有85%和69%的样本车辆完全遵守了"五日制"和"单双号"政策的规定。在这两项政策下，随着非遵从行为频率的增加，车辆数量急剧下降。特别是，具有较高非遵从行为频率的车辆仅占总数的一小部分。这些结果表明，大多数车辆将遵守政策，而习惯于违反政策的车辆只是占少数。

非遵从行为频率分布情况 表4-6

违法频率	车辆数量	
	"五日制"政策	"单双号"政策
0	837896	318409
1	90971	63831
2	28274	24141
3	13849	12986
4	8969	8351

续上表

违法频率	车辆数量	
	"五日制"政策	"单双号"政策
5	5685	5792
6	1980	4419
7	—	3559
8	—	2996
9	—	2477
10	—	2252
11	—	2046
12	—	1707
13	—	1601
14	—	1425
15	—	1434

4.4.3 个体特征与非遵从行为关系的描述性统计

以下采用描述性统计的方法，分析4个车辆特征对于非遵从行为的影响程度。

（1）车牌属地指标。

本地车辆和外地车辆在非遵从行为方面存在一定的差异性。统计结果显示，79.00%的本地车辆和89.01%的外地车辆会遵从"五日制"政策，而71.36%的本地车辆和66.63%的外地车辆会遵从"单双号"政策。与本地车辆相比，外地车辆在"五日制"政策下显示出较低的违法倾向，而在"单双号"政策下则显示出较高的违法倾向。

图4-8通过比较本地和外地车辆非遵从行为频率分布情况，进一步说明了这一现象。图4-8a）表明，在"五日制"政策下，本地车辆在各个非遵从行为频率下都超过了外地车辆的比例。图4-8b）则显示了在"单双号"政策下相反的结果。事实上，只有一小部分外地车辆经常在廊坊出行，大多数的外地车辆仅偶尔来到廊坊。对于大量偶尔出现在廊坊的外地车辆而言，无法及时了解当地限行信息可能是导致其违反政策的主要原因。而这一原因导致的违法行为发生概率与政策对各个尾号的限行频率具有较强的相关性。对一个特定尾号车辆而言，"五日

制"政策每周限制1天出行,而"单双号"政策平均每周限制其3.5天出行。因此,对于在廊坊不了解政策的大量外地车辆而言,其非遵从概率在"五日制"政策下约为14.28%,在"单双号"政策下约为50.00%。这种情况可能解释了为什么外地车辆在两种政策下显示出非常差异化的非遵从频率。

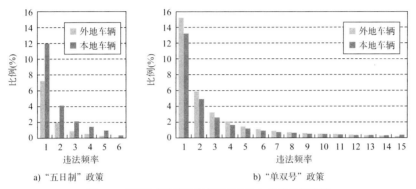

图4-8 不同非遵从行为频率下的本地与外地车辆比例

(2)非限行条件出行率。

图4-9a)显示了在"五日制"政策下车辆非限行条件出行率的分布情况。结果表明,非限行条件出行率的中位数随着非遵从频率的增加而增加。因此,日常频繁使用的车辆更有可能违反政策,而那些较少被使用的车辆则倾向于遵从政策。图4-9b)显示了"单双号"政策下也有类似的情况,即,经常使用机动车出行与违反政策行为之间具有正向相关性。

(3)日出行距离。

图4-10a)、b)分别展示了在"五日制"和"单双号"政策下,具有不同非遵从频率的车辆在城市限行区域内的日出行距离分布情况。结果显示,日出行距离与非遵从频率之间也呈现出正相关关系。也就是说,在该区域内日常出行距离较远的车辆更容易发生非遵从行为。

(4)起点到市中心距离。

本案例通过估计每辆车的起始位置,探索非遵从行为的空间分布。图4-11展示了在城市限行区域内,"五日制"和"单双号"政策下各个点位的车辆违法比例。该比例是各个点位上违反政策车辆数与该点位总车辆数之比。车辆违法比例在空间上呈现出不平衡的分布特征,这表明非遵从行为与空间尺度相关。在远离城市中心的点位,违法车辆的比例相对较高;在城市中心区域的点位,违法车辆的比例相对较低。

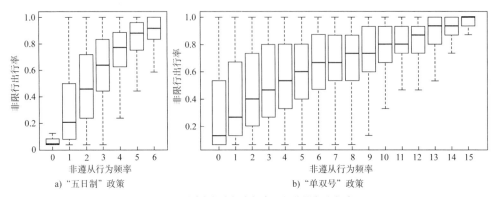

图4-9　不同非遵从行为频率下的非限行出行率

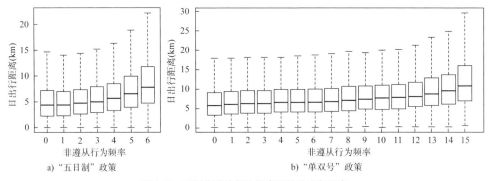

图4-10　不同非遵从行为频率下的日出行距离

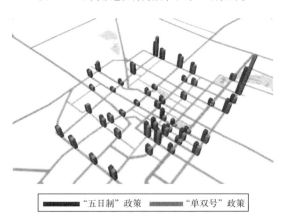

图4-11　两种政策下车辆非遵从比例的"车辆起始点"空间分布

第4章 限行政策的威慑作用与公众的遵从行为

图4-12a)、b)分别绘制了在"五日制"和"单双号"政策下,各点位车辆在观测周期内的平均违法频率。从图中可以观察到,在主城区边缘的点位有较高的非遵从频率;在城市中心区域的点位,非遵从频率相对较低。

图4-11和图4-12分别展示了非遵从行为相对指标与绝对指标的空间分布特征,直观说明了非遵从行为的空间区位特征。

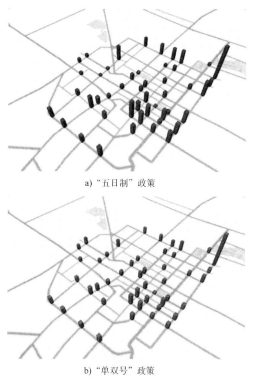

a)"五日制"政策

b)"单双号"政策

图4-12 两种政策下不同车辆起始点的非遵从频率

4.4.4 零膨胀模型:个体特征与非遵从行为关系

进一步构造零膨胀模型来量化个体特征与非遵从行为之间的关系。

为了使模型更具代表性,本案例选择了非限行条件出行率大于50%的车辆样本;此外,剔除了无法估计"常用起点"的样本,以使"起点与市中心距离"这一变量成为可用解释变量。最终,在两种政策下,分别确定了65638和69711个车辆样本。

车辆的平均非遵从行为频率在"五日制"政策下为1.35，方差为2.86，在"单双号"政策下均值为2.49，方差为15.40。根据离散指数，即方差和均值之比，可以选择适当的零膨胀模型来分析非遵从行为频率。如果非遵从频率的离散指数大于1，则应采用ZINB模型；否则，建议采用ZIP模型[54]。在本案例中，由于非遵从行为频率的离散指数大于1，预计ZINB模型的拟合优度要高于ZIP模型。

为了进行比较，仍然分别测算了ZIP和ZINB两个模型，同时测算了泊松分布模型、负二项分布模型作为基准参照。各个模型都以非遵从行为频率作为因变量，以车牌属地指标、非限行条件出行率、日出行距离、起点到市中心距离作为协变量。使用赤池信息准则（AIC）和贝叶斯信息准则（BIC）来选择拟合效果最佳的模型，即AIC和BIC最小的模型表现更佳。此外，本案例也使用了Vuong检验[55]来比较模型性能。

表4-7和表4-8分别展示了4个模型在两种政策下的拟合优度对比情况。模型比较结果显示，基于负二项分布的模型比基于泊松分布的模型拟合效果更好，即负二项回归模型优于泊松回归模型，ZINB模型优于ZIP模型。该结果可以归因于基于负二项分布的模型对过度离散的数据具有较好的适应性。此外，零膨胀模型表现出比普通模型更好的拟合结果，即ZIP模型优于泊松回归模型，ZINB模型性能优于负二项回归模型。这一结果显示出，零膨胀模型在分析具有大量零值的数据方面具有较大潜力。鉴于过度离散的分布和大量零值同时存在的实际情况，ZINB模型在所有备选模型中具有最小的AIC和BIC取值，表现最佳。Vuong检验进一步证明了ZINB模型在统计显著性上优于其他模型。因此，后续将重点围绕ZINB模型在两种政策下的结果展开论述。

"五日制"政策下四个模型拟合结果对比　　　　表4-7

指标	泊松分布模型	负二项分布模型	ZIP模型		ZINB模型	
			零膨胀	计数	零膨胀	计数
截距项	-1.192*** (0.023)	-1.199*** (0.034)	0.249*** (0.064)	-0.417*** (0.027)	0.030 (0.072)	-0.520*** (0.031)
车牌属地指标	0.458*** (0.008)	0.467*** (0.013)	-0.623*** (0.025)	0.240*** (0.009)	-0.647*** (0.029)	0.254*** (0.010)
非限行条件出行率	1.513*** (0.026)	1.512*** (0.040)	-0.471*** (0.073)	1.313*** (0.031)	-0.354*** (0.082)	1.372*** (0.035)

续上表

指标	泊松分布模型	负二项分布模型	ZIP模型		ZINB模型	
			零膨胀	计数	零膨胀	计数
日出行距离	0.008*** (0.001)	0.008*** (0.001)	-0.006** (0.002)	0.007*** (0.001)	-0.005* (0.002)	0.007*** (0.001)
起点到市中心距离	0.032*** (0.002)	0.033*** (0.004)	-0.040*** (0.007)	0.017*** (0.003)	-0.042*** (0.007)	0.017*** (0.003)
Theta	—	0.929	—	—	—	8.362
AIC	229290.9	207002.8	203836.8		203359.2	
BIC	229336.4	207057.4	203927.7		203459.2	

注：***- Sig.≤0.01；*- Sig.≤0.05；Theta 是负二项分布模型中的尺度参考数（与分散度相关）。

"单双号"政策下四个模型拟合结果对比　　　　表4-8

指标	泊松分布模型	负二项分布模型	ZIP模型		ZINB模型	
			零膨胀	计数	零膨胀	计数
截距项	-0.135*** (0.017)	-0.187*** (0.047)	0.248*** (0.053)	0.662*** (0.018)	-1.284*** (0.123)	0.089 (0.048)
车牌属地指标	0.672*** (0.005)	0.684*** (0.017)	-0.793*** (0.020)	0.335*** (0.005)	-1.314*** (0.079)	0.434*** (0.016)
非限行条件出行率	0.886*** (0.019)	0.911*** (0.051)	0.054 (0.058)	0.914*** (0.019)	0.911*** (0.131)	1.121*** (0.053)
日出行距离	0.008*** (0.000)	0.010*** (0.001)	-0.009*** (0.001)	0.005*** (0.000)	-0.013** (0.004)	0.006*** (0.001)
起点到市中心距离	0.015*** (0.002)	0.017*** (0.005)	-0.029*** (0.005)	0.001 (0.002)	-0.063*** (0.011)	0.001 (0.005)
Theta	—	0.351	—	—	—	0.635
AIC	453295.3	268683.3	320484.6		267477.4	
BIC	453341.0	268738.2	320576.1		267578.1	

注：***- Sig.≤0.01；*- Sig.≤0.05。

表4-9和表4-10进一步展示了ZINB模型在两种政策下的拟合细节结果。

"五日制"政策下ZINB模型拟合结果　　　　　　　　　　表4-9

模型	估计参数 β	exp（β）	标准差	P值
计数模型				
截距项	−0.520	0.594	0.031	$<2\times10^{-16}$***
车牌属地指标	0.254	1.289	0.010	$<2\times10^{-16}$***
非限行条件出行率	1.372	3.944	0.035	$<2\times10^{-16}$***
日出行距离	0.007	1.007	0.001	2.39×10^{-15}***
起点到市中心距离	0.017	1.017	0.003	4.67×10^{-8}***
Log（theta）	2.124	8.362	0.057	$<2\times10^{-16}$***
零膨胀模型				
截距项	0.030	1.030	0.072	0.6802
车牌属地指标	−0.647	0.524	0.029	$<2\times10^{-16}$***
非限行条件出行率	−0.354	0.702	0.082	1.71×10^{-5}***
日出行距离	−0.005	0.995	0.002	0.0178*
起点到市中心距离	−0.042	0.959	0.007	1.95×10^{-8}***

注：***- Sig.≤0.01；*- Sig.≤0.05。

"单双号"政策下ZINB模型拟合结果　　　　　　　　　　表4-10

模型	估计参数 β	exp（β）	标准差	P值
计数模型				
截距项	0.089	1.093	0.048	0.0655
车牌属地指标	0.434	1.544	0.016	$<2\times10^{-16}$***
非限行条件出行率	1.121	3.069	0.053	$<2\times10^{-16}$***
日出行距离	0.006	1.006	0.001	2.53×10^{-5}***
起点到市中心距离	0.001	1.001	0.005	0.9121
Log（Theta）	−0.454	0.635	0.022	$<2\times10^{-16}$***
零膨胀模型				
截距项	−1.284	0.277	0.123	$<2\times10^{-16}$***
车牌属地指标	−1.314	0.269	0.079	$<2\times10^{-16}$***

续上表

模型	估计参数 β	$\exp(\beta)$	标准差	P 值
零膨胀模型				
非限行条件出行率	0.911	2.487	0.132	4.47×10^{-12}***
日出行距离	−0.013	0.987	0.004	2.38×10^{-3}***
起点到市中心距离	−0.063	0.939	0.011	4.16×10^{-8}***

注：***- Sig.≤0.01；*- Sig.≤0.05。

在ZINB模型的零膨胀过程中，具有正值估计系数的协变量促进了非遵从频率的零值生成，也就是说，这些正向变量促使了个体对政策的完全遵守。相反，具有负值的估计系数抑制了非遵从频率的零值发生，相当于刺激了个体的违反政策行为。在ZINB模型的计数模型中，具有正系数的协变量促使非遵从频率的增加，而具有负系数的协变量促进非遵从频率的降低。

下面讨论四个影响因素对非遵从频率的影响：

（1）车牌属地指标。

根据表4-9显示的"五日制"政策下的情况，表明"隶属于外地车辆"这一特征对个体的完全遵从行为有负面影响，对非遵从频率有正面影响。具体而言，外地车辆的预期非遵从频率是本地车辆的 $e^{0.254}$=1.289倍；外地车辆属于"零违法"情况的概率是本地车辆的 $e^{-0.647}$=0.524倍。因此，如果一辆车是外地车牌，它更有可能违反"五日制"政策。

表4-10展示了"单双号"政策下类似的情况，即，外地车辆的预期非遵从频率是本地车辆的 $e^{0.434}$=1.544倍，外地车辆属于"零违法"情况的概率是本地车辆的 $e^{-1.314}$=0.269倍。

ZINB模型中选择的车辆样本，不论本地还是外地车辆，都是在廊坊市频繁出现的车辆，以确保样本的代表性。结果显示，在廊坊市频繁出行的外地车辆更容易违反限行政策，这一结果与上一小节关于车牌属地指标的描述性统计结果一致。

（2）非限行条件出行率。

在"五日制"政策下，非限行条件出行率是一种刺激非遵从行为的因素。当一辆车在其非限行日有较高的出行率时，这辆车很可能在其限行日违反政策。具体而言，如果一辆车的非限行出行率增加一个单位，那么非遵从频率将增加至原来的 $e^{1.372}$=3.944倍，而该车辆属于"零违法"情况的概率将下降至原

来的 $e^{-0.354}$=0.702 倍。因此，"五日制"政策对于非限行条件出行率较高的车辆约束力较弱。

然而，与"五日制"情况不同，"单双号"政策下的非限行条件出行率显示出复杂的效果。在"单双号"政策下，非限行条件出行率在 ZINB 模型的零膨胀过程和计数过程中，均具有正系数估计结果。因此，尽管非限行出行率促使个体对于政策的完全遵守，但同时也促使个体非遵从频率的增加。这一结果较为异常且复杂，可能在更加严格的"单双号"政策下，非限行出行率较高的个体在决策是否违反政策的时候走向了两个极端，一部分个体考虑政策严格性从而采取完全遵守的态度，另一部分则采取放任的态度从而频繁违法。

非限行出行率可以用来衡量出行需求的强度。出行需求强度较高的个体，在日常出行中严重依赖机动车。因此，这类个体在"五日制"限行政策下依然倾向于违法驾车出行。然而，在"单双号"政策下，出行需求强度较高的个体表现出两个极端，即频繁违法和完全遵从。"单双号"政策相对于"五日制"政策来说是一项更为严格、威慑力更强、限行频率更高的政策。在"单双号"政策下，出行强度高的个体采取违法行为以满足其出行需求时，可能会反复地承受沉重的心理负担。因此，"单双号"政策可能促使一些出行强度高的个体选择其他合法出行方式，如公共交通、出租汽车、自行车、拼车等，满足其原有出行需求。与此同时，另一部分出行强度高的个体，在经历了"是否违反政策"重复决策后，由于决策的惯性影响[56-57]，他们逐渐习惯了违反政策的行为。这一逻辑解释了出行强度较高群体在"单双号"政策下趋向于两个极端的潜在原因。

（3）日出行距离。

表 4-9 中 ZINB 模型说明，在城市限制区域内日出行距离较长的车辆更容易不遵守"五日制"政策并频繁违反政策规定。日出行距离每增加一个单位，非遵从频率将增加至原来的 $e^{0.007}$=1.007 倍，而完全遵守的概率将减少到原来的 $e^{-0.005}$=0.995 倍。因此，"五日制"政策对于日出行距离较长的车辆，比较难以实施管理。

表 4-10 证明"单双号"政策下显示出类似的情形。如果城市限制区域内车辆日出行距离增加 1km，那么非遵从频率将增加至原来的 $e^{0.006}$=1.006 倍，完全遵守概率将缩减至原来的 $e^{-0.013}$=0.987 倍。

"驾车出行"可能是满足远距离出行需求的一种有效、便捷且舒适的方式。在案例城市，远距离出行更依赖驾驶而不是其他交通方式，因此，远距离出行难以被限行政策抑制。

（4）起点距市中心距离。

如果个体车辆的常用起点远离城市中心区域，那么根据表4-9的结果，该车辆倾向于违反"五日制"政策。如果个体车辆的起点与市中心距离再增加1km，那么，该车辆的非遵从频率将增加到原有水平的$e^{0.017}=1.017$倍，而完全遵守概率将下降至原有水平的$e^{-0.042}=0.959$倍。因此，"五日制"政策对于居住在外围区域的车辆约束性较差。

表4-10体现出"单双号"政策下具有类似的结果。个体车辆的起点与市中心距离每增加1km，完全遵守概率将降低至原来的$e^{-0.063}=0.939$倍，非遵从频率展现出上升趋势但不具有统计显著性。

这种现象可能与以下条件有关：①在单一中心的城市中，公共交通网络在中心区域相对密集，而在郊区相对稀疏。郊区范围内服务水平较低的公共交通系统很难满足限行政策所抑制的机动车出行需求。因此，一些被限行个体宁愿选择违法驾驶，也不愿意搭乘公共交通工具。②在城市外围区域，执法强度相对较弱，例如违法行为自动抓拍系统覆盖率较低，降低了个体违法被纠察的风险。

4.4.5　外地车辆非遵从行为矛盾结果的讨论

在描述性统计中，图4-8a)显示出在"五日制"政策下外地车辆更倾向于遵从政策；在零膨胀模型分析中，表4-9中ZINB模型则认为外地车辆在"五日制"政策更容易产生非遵从行为。这两个似乎矛盾的结果归因于两个分析使用了不同的样本车辆集。

实际上，外地车辆可以分为两类，即经常在廊坊市行驶的外地车辆和偶尔在廊坊市行驶的外地车辆。这两类外地车辆在"五日制"和"单双号"政策下的遵从行为特征不同。如果将非限行出行率等于0.5设置为区分经常使用和偶尔使用的标准，则可以对比这两类外地车辆的非遵从行为。经统计，在"五日制"和"单双号"政策下所有被观测到的车辆中，分别有2.53%和6.55%的车辆是经常出现的外地车辆，55.78%和30.42%的车辆是偶尔出现的外地车辆。

图4-13绘制了四种场景下本地与外地车辆的非遵从行为。具体场景包括"五日制"政策下频繁出行和偶尔出行；"单双号"政策下频繁出行和偶尔出行。

图4-13a）和b）对比显示，经常使用的外地车辆在两种政策下均更容易违反限行规定，因为外地车辆通常被认为难以管理。对于偶尔使用的车辆，在"五日制"政策下外地车辆比本地车辆更服从政策规定，而在"单双号"政策下则更倾向于不遵守规定。这是因为在"五日制"政策下，偶尔来到案例城市并对政策不熟悉的外地车辆恰好违反政策的概率较低，而在"单双号"政策下，此类情况发生的概率较大。

ZINB模型选择了频繁使用的车辆作为样本，对于外地车辆的非遵从行为得出了与图4-13a）、b）相同的结果。而描述性统计图4-8a）则考虑了所有外地车辆样本，包括频繁和偶尔使用的外地车辆。然而，偶尔在案例城市出现的外地车辆（即非限行出行率<0.5的外地车辆），在外地车辆总体中占据了极大比例，在"五日制"和"单双号"政策下分别占据全体外地车辆的96.10%和95.04%。因此，偶尔使用的外地车辆特征主导了图4-8a）的结果，显示了与图4-13c）、d）相似的结果。

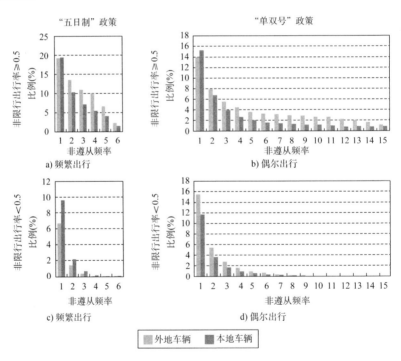

图4-13 不同场景下本地与外地车辆非遵从行为对比

104

4.5 本章小结

本章讨论了小汽车限行政策的威慑作用以及政策之下个体的守约行为，基于一套基础数据分别讨论了政策的长期绝对威慑作用以及政策之下的违法频率特征。

关于"单双号"限行政策的威慑作用研究显示，该政策很难维持长期的绝对威慑作用。一方面，生存分析模型预测结果显示，在限行政策实施一年之时，将有90%的车辆已经发生首次违法行为。另一方面，研究证明了车辆首次违法行为出现后，由于违法行为存在惯性，该车辆的违法行为会不断出现。因此，限行政策的长期威慑作用难以持续。此外，研究发现个体车辆对限行政策的绝对遵从期限可能与个体因素有关。例如，有历史违反政策记录、使用外地车牌、起点距离市中心较远的个体车辆，对于新实施的限行政策具有较短的绝对遵从期限。

关于限行政策之下违法频率特征的研究显示，"五日制"政策实施期间出行频率高的车辆更倾向于违反政策，而"单双号"政策实施期间出行频率高的车辆可能趋向两个极端，一部分个体倾向于完全守法，另一部分个体倾向于频繁违法。此外，研究证明了使用外地车牌的车辆、日出行距离较长的车辆、起点距离市中心较远的车辆均有更强的违法倾向。

实际上，本章两个实证分析之间具有一定联系，都是在讨论政策威慑作用与公众遵从行为之间的关系，前者探讨了政策的绝对威慑与个体的首次违法之间的相互作用，后者则论证了政策的限制性威慑与个体的违法频率之间的相互作用。因此，为了提升小汽车限行政策的有效性和可持续性，未来可以从政策端提升绝对威慑与限制性威慑作用，从公众端关注并控制个体的首次违法与违法频率问题。政策威慑与公众违法之间的关系如图4-14所示。

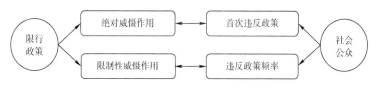

图4-14 政策威慑与公众违法之间的关系

4.5.1 政策端威慑作用提升策略

经典的威慑理论通过建立或增加惩罚以减少非遵从行为[28]。确定性、严重性、快速性是惩罚机制重要的三个原则,指明了从政策端提升其威慑作用的有效途径[58]。确定性、严重性、快速性惩罚的缺失,可能是小汽车限行政策威慑作用衰减的根源。

在各地所实施的小汽车限行政策下,惩罚是概率性而非确定性的,因而很多出行者抱着侥幸心理,认为偶然的违法出行被纠察的概率较低。在当前的社会经济发展趋势下,"100元人民币"的违反政策罚款似乎也难以成为具有"严重性"的惩罚手段。此外,出行者违法驾车出行往往不是进入路网便立即能够被纠察,执法设备的覆盖率不足,执法手段存在延迟性。

为了应对上述"确定性、严重性、快速性惩罚的缺失"的问题,如果期待达到良好的限行效果,可以尝试调整执法手段和执法力度。当前,车辆限行政策的执法中尚未完全使用视频卡口检测器所收集的车辆动态信息作为违法研判的证据。鉴于视频卡口系统几乎可以监测到违反政策的每一个行为,一旦视频卡口系统信息在违反限行政策的执法中得到应用,大部分违法出行者将受到精准且快速的惩罚。然而,过于严苛的惩罚可能会引起强烈的公众不满,这也是城市交通管理者和/或城市管理者不希望看到的后果。因此,针对限行政策执法,交通管理者可以尝试在"交通警察巡逻执法"与"视频卡口监控执法"之间寻找一个均衡策略,在不产生过度公众不满的前提下,提升政策执法的确定性和快速性。例如,仍然采取交警巡逻执法,但是针对每次被巡逻警察抓到的违法车辆,可以进一步调取视频卡口系统中监测到该车辆的历史违法记录,针对车辆当前违法和历史违法总体情况进行处罚。这样的策略,一方面不会因为过度提高惩罚的概率而引起公众不满;另一方面,该策略提升了违法出行的成本,能够有效震慑违法出行个体,尤其是经常违法出行的驾驶人。

另外,随着居民收入水平的不断提高,机动化出行者可以逐渐负担额外的出行费用,例如违法出行的成本。所以,违反限行政策的罚款额度,也是需要权衡的重要指标。在当前收入水平不断提高的情况下,较低的罚款力度已经无法引起机动化出行者的重视,适当地将罚款与罚分机制相结合,也是提高限行政策执法力度的策略。

通过执法手段和力度的提升，限行政策的绝对威慑作用与限制性威慑作用均有望稳步提高。

4.5.2 公众端违法行为控制策略

从公众端控制限行政策下的违法出行行为，主要考虑应对以下具有违法倾向的车辆：出行强度较高的车辆、外地车辆、出行距离较长的车辆以及居住在城市外围区域居民拥有的车辆。对这些车辆进行有效管理，预期会降低车辆首次违法概率以及后续违法频率。

出行强度较高的车辆倾向于违反限行政策，且往往扮演了"习惯性违法者"，造成明显的社会负面影响。"分层罚款机制"将有助于限制频繁的违法行为。分层罚款机制强调，随着车辆违反政策行为次数的增加，罚款金额会按照一定比例增加。这一分层机制将增加对特定个体的惩罚力度，增加其违法成本，使得此类个体难以在违法出行中获得预期效益，从而不得不放弃违法出行。减少违法出行的高频者还有助于改善交通状况，并带来积极的社会影响，防止其他车辆效仿违反政策的行为。

实施小汽车尾号限行政策的城市，应针对外地车辆单独设置限行规则，例如办理"进城证"并限制其进城次数等。若外地车辆与本地车辆采取相同的尾号限行规则，则应加强城市的出入口管理，合理控制特定尾号外地车辆的进入。此外，进一步提升地区间交通执法联网化与一体化，将有助于治理外地车辆在本地限行政策下的违法行为。

在城市外围地区，公共交通服务水平可能较低，被限行个体从驾驶切换到其他交通方式具有一定难度。因此，在限行政策实施之前，应提高城市郊区公共交通系统的服务水平，以合理满足居住在城市外围区域被政策限制的交通需求。例如，可以增设定制公交、鼓励拼车等方式，实现被限制需求的方式转换。此外，集约化、共享化、绿色化出行模式的完善和提升，也可为被政策限制的"长距离出行车辆"提供替代方式。

本章参考文献

[1] NAGIN D S. Deterrence in the Twenty-First Century[J]. Crime and Justice, 2013, 42(1): 199-263.

[2] GIBBS J P. Crime, Punishment, and Deterrence[J]. The Southwestern Social Science Quarterly, 1968, 48(4): 515-530.

[3] CIALDINI R B, GOLDSTEIN N J. Social influence: compliance and conformity[J]. Annual Review of Psychology, 2004, 55: 591-621.

[4] ARONSON E, WILSON T D, SOMMERS S R, et al. Social Psychology, 11th edition[M]. Tornoto: Pearson, 2022.

[5] ASCH S E. Effects of group pressure upon the modification and distortion of judgments[M]//GUETZKOW H. Groups, leadership and men; research in human relations. London: Carnegie Press. 1951: 177-190.

[6] TEXIER T L. Debunking the Stanford Prison Experiment[J]. The American psychologist, 2019, 74(7): 823-839.

[7] LATANé B. The psychology of social impact[J]. American Psychologist, 1981, 36(4): 343-356.

[8] PASCUAL A, GUéGUEN N. Foot-in-the-Door and Door-in-the-Face: A Comparative Meta-Analytic Study[J]. Psychological Reports, 2005, 96(1): 122-128.

[9] BURGER J M, REED M, DECESARE K, et al. The Effects of Initial Request Size on Compliance: More About the That's-Not-All Technique[J]. Basic and Applied Social Psychology, 1999, 21(3): 243-249.

[10] BURGER J M, CORNELIUS T. Raising the Price of Agreement: Public Commitment and the Lowball Compliance Procedure1[J]. Journal of Applied Social Psychology, 2003, 33(5): 923-934.

[11] WHATLEY M A, WEBSTER J M, SMITH R H, et al. The Effect of a Favor on Public and Private Compliance: How Internalized is the Norm of Reciprocity?[J]. Basic and Applied Social Psychology, 1999, 21(3): 251-259.

[12] STRAKER D. Changing Minds: in Detail (second edition)[M]. 2nd ed. Syque Press, 2010.

[13] LI R, GUO M. Effects of odd-even traffic restriction on travel speed and traffic volume: Evidence from Beijing Olympic Games[J]. Journal of Traffic & Transportation Engineering, 2016, 3(1): 71-81.

[14] LIU Y, HONG Z, LIU Y. Do driving restriction policies effectively motivate commuters to use public transportation?[J]. Energy Policy, 2016, 90: 253-261.

[15] LIU Z, LI R, WANG X, et al. Effects of vehicle restriction policies: Analysis using license plate recognition data in Langfang, China[J]. Transportation Research Part A: Policy and Practice, 2018, 118: 89-103.

[16] SUN C, ZHENG S, WANG R. Restricting driving for better traffic and clearer skies: Did it work in Beijing?[J]. Transport Policy, 2014, 32(1): 34-41.

[17] XU J, MA J. Economic analysis of driving restriction by car tail number[C]. Fukuoka: Proceedings of the World Automation Congress, 2012.

[18] CHOWDHURY S, DEY S, TRIPATHI S N, et al. "Traffic intervention" policy fails to mitigate air pollution in megacity Delhi[J]. Environmental Science & Policy, 2017, 74(2017): 8-13.

[19] DAVIS L W. The Effect of Driving Restrictions on Air Quality in Mexico City[J]. Journal of Political Economy, 2008, 116(1): 38-81.

[20] HUANG H, FU D, QI W. Effect of driving restrictions on air quality in Lanzhou, China: Analysis integrated with internet data source[J]. Journal of Cleaner Production, 2016, 142(2017): 1013-1020.

[21] KLUNGBOONKRONG P, JAENSIRISAK S, SATIENNAM T. Potential performance of urban land use and transport strategies in reducing greenhouse gas emissions: Khon Kaen case study, Thailand[J]. International Journal of Sustainable Transportation, 2017,(1):54-58.

[22] LU X. Effectiveness of government enforcement in driving restrictions: a case in Beijing, China[J]. Environmental Economics & Policy Studies, 2016, 18(1): 63-92.

[23] MOHAN D, TIWARI G, GOEL R, et al. Evaluation of odd-even day traffic restriction experiments in Delhi, India[Z]. Transportation Research Record. 2017: 9-16.10.3141/2627-02

[24] DECKER S H, KOHFELD C W. The Deterrent Effect of Capital Punishment in the Five Most Active Execution States: A Time Series Analysis[J]. Criminal Justice Review, 2016, 15(2): 173-191.

[25] PAOLA D, MARIA, SCOPPA, et al. The deterrent effects of the penalty points system for driving offences: a regression discontinuity approach[J]. Empirical Economics, 2013, 45(2): 965-985.

[26] SAMPSON R J, COHEN J. Deterrent Effects of the Police on Crime: A Replica-

tion and Theoretical Extension[J]. Law & Society Review, 1988, 22(1): 163-189.

[27] GUERCIO D D, ODDERS-WHITE E R, READY M J. The Deterrent Effect of the Securities and Exchange Commission's Enforcement Intensity on Illegal Insider Trading: Evidence from Run-up before News Events[J]. The Journal of Law and Economics, 2017, 60(2): 269-307.

[28] WAGENAAR A, MALDONADO-MOLINA M, J ERICKSON D, et al. General deterrence effects of U.S. statutory DUI fine and jail penalties: Long-term follow-up in 32 states[M]. [S.l.:s.n.], 2007.

[29] SZE N N, WANG S, PEI X, et al. Is a combined enforcement and penalty strategy effective in combating red light violations? An aggregate model of violation behavior in Hong Kong[M]. [S.l.:s.n.], 2011.

[30] A. ABAY K, KAHSAY G. Long-term effects of alternative deterrence policies: Panel data evidence from traffic punishments in Denmark[M]. [S.l.:s.n.], 2018.

[31] VIARD V B, FU S. The effect of Beijing's driving restrictions on pollution and economic activity[J]. Journal of Public Economics, 2015, 125(8): 98-115.

[32] GRANGE L D, TRONCOSO R. Impacts of vehicle restrictions on urban transport flows: The case of Santiago, Chile[J]. Transport Policy, 2011, 18(6): 862-869.

[33] WANG L, XU J, QIN P. Will a driving restriction policy reduce car trips?—The case study of Beijing, China[J]. Transportation Research Part A Policy & Practice, 2014, 67(67): 279-290.

[34] GU Y, DEAKIN E, LONG Y. The Effects of Driving Restrictions on Travel Behavior Evidence from Beijing[J]. Journal of Urban Economics, 2017, 102.

[35] GALLEGO F, MONTERO J P, SALAS C. The effect of transport policies on car use: A bundling model with applications[J]. Energy Economics, 2013, 40(6): S85-S97.

[36] WANG R. Shaping urban transport policies in China: Will copying foreign policies work?[J]. Transport Policy, 2010, 17(3): 147-152.

[37] YU N. On the potential remedies for license plate rationing[J]. Economics of Transportation, 2017, 9: 37-50.

[38] LIU D, DU H, SOUTHWORTH F, et al. The influence of social-psychological factors on the intention to choose low-carbon travel modes in Tianjin, China[J].

Transportation Research Part A: Policy and Practice, 2017, 105: 42-53.

[39] STEG L. Car use: lust and must. Instrumental, symbolic and affective motives for car use[J]. Transportation Research Part A: Policy and Practice, 2005, 39(2): 147-162.

[40] JIA N, ZHANG Y, HE Z, et al. Commuters' acceptance of and behavior reactions to license plate restriction policy: A case study of Tianjin, China[J]. Transportation Research Part D: Transport and Environment, 2017, 52: 428-440.

[41] ARDESHIRI A, PEETA S, JEIHANI M. Driving simulator-based study of compliance behaviour with dynamic message sign route guidance[J]. Intelligent Transport Systems Iet, 2015, 9(7): 765-772.

[42] DI X, LIU H X. Boundedly rational route choice behavior: A review of models and methodologies[J]. Transportation Research Part B Methodological, 2016, 85: 142-179.

[43] LI Y, YANG A, LI D. Regional Road Network Shortest Path Algorithm in Vehicle Navigation Systems[M]. Berlin: Springer Berlin Heidelberg, 2013.

[44] NEMANI A K, AHUJA R K. Shortest Path Problem Algorithms[M]. [S.l.:s.n.], 2011.

[45] COHEN A. An Introduction to Probability Theory and Mathematical Statistics, [M]. 2nd ed. [S.l.], John Wiley & Sons, 2002.

[46] MCGILCHRIST C, AISBETT C. Regression with frailty in survival analysis[J]. Biometrics, 1991, 47(2): 461-466.

[47] SCHWEDER T, SPJøTVOLL E. A class of rank test procedures for censored survival data[J]. Biometrika, 1982, 69(3): 553-566.

[48] NTZOUFRAS, IOANNIS. Bayesian modeling using WinBUGS[M]. [S.l.]Wiley, 2009.

[49] GARBER N J, PIDAPARTHI K. Zero inflated models based on real time traffic characteristics for predicting crash probabilities[C]. Fukuoka: Proceedings of the Road Safety on Four Continents: 14th International Conference, 2007.

[50] HAN B, XU J. Analysis of Crash Counts Using a Multilevel Zero-Inflated Negative Binomial Model[J]. Advanced Materials Research, 2014: 912-914, 1164-1168.

[51] KIM D H, RAMJAN L M, MAK K K. Prediction of vehicle crashes by drivers' characteristics and past traffic violations in Korea using a zero-inflated negative binomial model[J]. Journal of Crash Prevention & Injury Control, 2016, 17(1):

86-90.

[52] LAMBERT D. Zero-Inflated Poisson Regression, With an Application to Defects in Manufacturing[J]. Technometrics, 1992, 34(1): 1-14.

[53] GREENE W H. Accounting for Excess Zeros and Sample Selection in Poisson and Negative Binomial Regression Models[J]. Working Papers, 1994, 2(1):65-70.

[54] VOGT W P, JOHNSON R B. Dictionary of Statistics & Methodology[M]. 3rd ed. Thousand Oaks, California: Sage publications, 2011.

[55] VUONG Q H. Likelihood Ratio Tests for Model Selection and Non-Nested Hypotheses[J]. Econometrica, 1989, 57(2): 307-333.

[56] CANTILLO V, ORTúZAR J D D, WILLIAMS H. Modeling Discrete Choices in the Presence of Inertia and Serial Correlation[J]. Transportation Science, 2007, 41(2): 195-205.

[57] ZHAO L, TIAN P, LI X. Dynamic pricing in the presence of consumer inertia[J]. Omega, 2012, 40(2): 137-148.

[58] BECCARIA C. On Crimes and Punishment[M]. New York: Macmillan, 1963.

第5章

路内停车收费价格调整的影响

注：本章内容最初发表情况　Hao Wang, Ruimin Li*, Xiaokun (Cara) Wang, Pan Shang. Effect of on-street parking pricing policies on parking characteristics: A case study of Nanning. Transportation Research Part A: Policy and Practice, 2020, 137: 65-78。

2000年以来，随着我国机动车保有量的迅速增长，城市（尤其是中心区）高峰期停车位不足的问题日渐显现。城市道路的路内停车位虽然在整个城市停车资源中所占比例非常有限，但也是城市停车体系的重要组成部分，而且在调节、满足短时停车需求中具有重要作用。对于路内停车而言，路内停车收费政策能够影响出行者的停车行为乃至出行行为，被视为改善城市停车管理和缓解交通拥堵等的有力工具，亦是交通需求管理的重要内容。例如加利福尼亚大学洛杉矶分校唐纳德·舒普（Donald Shoup）教授的著作 *The High Cost of Free Parking* 提到，需要考虑对路内停车位收取相应的市场价格，从而将占用率控制在约85%的水平。

随着社会经济水平的不断发展和城市区域功能的变化，路内停车收费的价格应该是一个动态变化的过程。路内停车收费的调整到底会带来什么影响，尤其是对出行者停车特征的影响，一直以来也受到相应的关注。但目前此类问题的研究还多是基于问卷调查来进行，直到近年才在自动收费系统等数据的支撑下得以深入实证探索。

总体而言，路内停车收费已经在我国很多大城市中得以实施，并且也在根据相关因素的变化不断调整。其中，南宁市自2010年以来，结合城市交通管理需求以及百姓出行需求等进行了路内停车收费价格的多次调整。同时，配合路内停车收费政策，南宁市建立了路内停车收费管理信息系统，采集了包括停车时长、停车费用等信息在内的路内停车特征信息，为路内停车收费价格调整的实际影响分析提供了良好的现实案例场景。本章结合南宁市路内停车收费的两次价格调整，基于停车管理信息系统采集的数据，探讨路内停车收费的调整对路内停车特征（包括停车时长和停车位周转率等）的影响效应。

5.1 概　　述

5.1.1 背景

21世纪以来，随着社会经济水平和机动化的快速发展，我国各级城市的居民机动车（尤其是私人小汽车）保有量快速增长。但与此同时，城市道路交通基础设施的供给速度远跟不上机动化的速度，从而导致城市道路交通系统的供需失衡，除了体现在早晚高峰期间的城市道路交通拥堵外，供需失衡问题在小汽车的停放系统中也表现得非常明显。例如，在我国许多大城市的中心区域，受开发密度、历史路网条件等影响，道路交通压力本身往往较大，而因为配建停车资源不足等问题使得停车位数量又远无法满足需求。因此，在很多城市的路段上不得不设置路内停车位，并对其有较强的依赖性[1-3]。

对于路内停车管理而言，停车费用的结构是非常重要的一个因素。路内停车收费的价格将影响个人的出行选择，进而影响到相关区域的交通拥堵程度、空气污染状况和经济活力水平等。然而，从另一方面而言，路内停车收费又是一个有点"政治敏感"的问题，尚未得到广泛深入的讨论。

我国近年来也日渐重视城市停车设施与系统的建设与管理。2015年，国家发展和改革委员会等六部委联合发布了《关于加强城市停车设施建设的指导意见》，其中明确"对于路内停车等纳入政府定价范围的停车设施，健全政府定价规则，根据区位、设施条件等推行差别化停车收费"。因而，针对不同的区域或停车场收取不同的停车费用是一项重要的停车管理政策。

近十年来，我国一些大城市的中心区道路路内停车收费标准进行了多次调整，从而更好地实现对停车需求的管理。例如北京市2018年发布的《北京市占道停车收费标准》规定❶：道路停车泊位划分为三类区域收费：一类地区指三环路（含）以内区域及中央商务区（Central Business District，CBD）、燕莎地区、中关村西区、翠微商业区等4个重点区域，小型车首小时每15min 2.5元，首小时后每15min 3.75元；二类地区指五环路（含）以内除一类地区以外的其他区域，小型车首小时每15min 1.5元，首小时后每15min 2.25元；三类地区指五环路以外区域，小型车首小时每15min 0.5元，首小时后每15min 0.75元；夜间（19时至次日7时），三类地区小型车均为每2h 1元。大型车辆价格为小型车辆的2倍。大型社会活动期间，道路停车位可实行计次收费。其他很多超特大城市等也有类似的差异化收费政策。

此外，随着信息通信技术的不断发展，一些城市开始采用路内停车管理信息系统（或称智能停车系统）来收集停车数据。作为智能交通系统发展的产物，智能停车系统中所应用的先进数据采集技术为研究路内停车特征及其在路内停车政

---

❶ 北京市发展和改革委员会.北京市占道停车收费标准. http://fgw.beijing.gov.cn/bmcx/djcx/cxldj/202003/t20200331_1752790.htm。

策调整前后的差异提供了一种新的数据驱动方式。传统上关于路内停车收费效果的研究大多基于"显示性偏好"(Revealed Preference,RP)或"陈述性偏好"(Stated Preference,SP)调查数据,但是这些数据可能会与用户的实际行为之间存在一定的偏差。而实际采集的停车行为数据有望更为精准地反映驾驶人对停车价格变化的真实反应。

5.1.2 已有研究及结论

多年来,停车收费政策被认为是解决停车问题和交通系统其他相关问题的有力措施之一。例如,停车收费管理可影响人们的停车行为乃至小汽车出行行为,因此,有关停车收费的研究在过去几十年受到了越来越多的关注[4]。

首先是关于停车收费价格对通勤者出行方式选择的影响。众多已有的研究表明,停车收费将影响到出行者对小汽车的选择和使用,即小汽车出行者将会因停车价格的上升而减少驾车出行。例如,在对洛杉矶和波特兰大都市区的研究中,Wilson[5]和Peng[6]使用了多项logit模型来评估停车价格对通勤者出行方式选择的影响。研究结果表明,如果通勤者必须支付停车费用而不是免费停车,那么驾车上班的人群将减少25%~34%的车辆。Albert等[7]在陈述性偏好调查的基础上,比较了驾驶人对拥堵和停车收费的态度,并探讨了两种态度对出行行为的影响。结果表明,驾驶人愿意改变出行习惯以避免停车收费。Andrew Kelly等[8]对爱尔兰都柏林的1007名路内停车使用者进行了调查,发现随着建议的停车收费的增加,商务出行与非商务出行之间的价格敏感度差距逐渐扩大。Bonsall等人[9]根据四种不同情况下城市的运行统计数据,探讨了取消停车收费对整体出行需求的影响。Simićević等人[10]根据陈述性偏好数据和Logistic回归模型来预测引入或改变停车价格和时间限制的效果,其研究结果表明,与失业用户相比,在职用户对停车收费措施更为敏感。这些相关研究显示了停车收费对出行行为的影响。同样,其他研究[11]也表明停车价格对路内停车需求的影响巨大且强烈。在控制了与季节性、地点固定效应和时间趋势相关的因素后,研究人员使用指数平均回归模型对停车需求进行了拟合,发现该政策导致了停车需求的减少,这也意味着交通量的减少,表明停车价格可以有效地减少晚高峰的拥堵。对澳大利亚珀斯的停车政策研究表明[12],该市对所有非住宅停车场征收停车税,并划分出不允许停车的行人优先区、不允许长时间停车的短停车区和普通停车场。政策实施10年后，珀斯的停车位减少了约10%，私人小汽车使用率下降了17%，公共交通使用率增加了27%。综上，无论是基于调查问卷还是现实数据的研究，提高停车收费价格对于减少私人小汽车出行是有一定效果的。

鉴于停车收费对出行行为的影响，可变的停车价格就成为分配停车时空资源和管理出行需求的有效方法，近年来的一些研究也关注了停车价格的优化问题。D'Acierno等人[13]提出了一些停车定价策略和优化模型，通过道路定价和/或停车定价策略对私人小汽车的使用进行收费。Cain等人[14]和Syed等[15]评估了可变停车价格对需求时间分布的影响，利用自动停车数据收集系统获得的数据进一步研究了可变停车价格作为出行需求管理工具的作用。他们发现，在高峰时段提高停车价格并不能带来积极的高峰疏解效应，高峰时段的停车需求只是略有减少。Simićević等[16]利用通过问卷调查获得的陈述性偏好数据，调查了不同出行目的的用户对停车价格上涨的反应，通过价格弹性系数对反应进行量化，从而提出了制定最优停车价格的方法。Ahmadi Azari等[17]在马什哈德市中央商务区，通过个人访谈使用陈述性偏好法，探讨了出行者在决定是否在中央商务区开车和停车时对拥堵定价和停车属性的反应。他们的研究结果表明，驾驶人愿意支付的停车费高于他们预期支付的区域通行费。虽然停车收费在抑制机动化出行方面有一定的效果，但是如何制定科学合理、能够为大部分出行者所接受的停车收费价格及结构，仍然是当前停车管理中的关键问题，而国内近年来在该方面也面临着相应的挑战。

为了进一步量化停车需求和停车时间是如何随着停车价格的变化而变化的，研究人员通常会使用价格弹性来研究与停车价格相关的问题。Kelly等[18]利用显示性偏好停车调查的数据，估算了路内停车需求的总体价格弹性水平，明确了特定时段和特定日期的个别估算值。他们发现，在停车频率降低的情况下，需求的平均价格弹性为−0.29。Ottosson等[19]利用2011年初西雅图实施停车费率调整前后从停车收费点获得的自动交易数据，探讨了路内停车需求的敏感性，计算了路内停车需求的价格弹性。结果表明，停车位占用的价格弹性不显著，且随一天内的时间和周边社区特征而变化。Milosavljević等[20]以塞尔维亚贝尔格莱德市中心停车场的显示性偏好数据为基础，调查并量化了路外停车价格对停车需求和停车场运营的影响。结果发现，停车价格上涨导致停车量、车库占用率和平均停车时长下降。Pu等[21]利用2011—2014年旧金山市中心的数据研究了路内停车需求的价格敏感性，并采用了地理加权回归（Geographically Weighted Regression，

GWR）模型来捕捉停车需求价格敏感性的空间异质性，结果显示停车位利用率与停车费率存在明显的负相关性，而时段特征、街区特征以及社会人口学特征等均对停车位利用率存在明显影响。此类研究结果可以为停车政策制定者在设计收费体系时提供良好的参考。

最近，一些研究调查了可能影响个人停车选择行为的因素，如允许的最长停车时间、收费和出行目的。Ibeas等[22]研究了驾驶人在选择停车地点时的行为，研究中可供选择的停车地点包括路内免费停车场、路内收费停车场和地下多层停车场。该项研究发现，驾驶人对停车费用的认识差异很大，既取决于驾驶人的收入水平，也取决于他们是否是当地居民。Chaniotakis等[23]围绕驾驶人的选择行为开展了陈述性偏好实验，结果显示，驾驶人似乎能够接受花费时间以寻找空闲停车位，"8min后的停车位可用性"在决定驾驶人停车决策的因素排序中位列第二，而"到达后的停车位可用性"排名第四。

一项交通政策的出台往往存在短期和长期效益的差异，而在路内停车价格调整方面，综合目前的相关研究来看，虽然有几项研究调查了路内停车价格的影响，但只有少数研究同时考虑了停车价格变化后的短期（如一周或一个月）和长期（如几个月）影响。而在研究所利用的数据方面，一般来说，以往关于停车政策的研究大多基于陈述性偏好或显示性偏好数据，近年来才出现了少数研究基于直接观察或采集的停车数据。

目前，随着城市智能停车管理系统的不断发展，停车管理和信息服务系统可以提供海量的有关城市停车行为的数据集，这对各种类型的分析（如停车收费对出行行为和需求的变化影响等）非常有用。本章利用南宁市路内停车管理信息系统的数据研究路内停车行为特征，计算路内停车收费政策调整前后停车时长和停车位周转率等指标的变化和价格弹性，可以为相关政策的制定等环节提供参考和依据。

5.2　南宁市停车政策及数据

5.2.1　停车收费政策

1）发展背景

2001年，南宁市中心城区的部分道路实施了路内停车收费管理。驾驶人将车辆停入路内停车位后，必须在停车位附近的设备上刷卡。当驾驶人将车开走时，必须再次刷卡，以便根据停车时间和车位类型收取停车费。驾驶人应在停车卡中预付一定金额的费用。

近年来，南宁市中心城区的停车供需矛盾进一步加剧。同时随着地铁等基础设施的大规模建设，南宁市的道路交通拥堵问题也日益突出。为了有效管理和控制停车需求，缓解城市交通拥堵，城市管理部门不断增设更多的路内停车位。截至2008年8月，南宁市路内停车位达到34836个，允许路内停车的道路数量大幅增加。同期，南宁市城市管理部门不断建设和发展核心区停车管理信息系统。

2014年12月1日，根据路内停车差别化收费的规定，南宁市调整了路内停车收费政策细则。

2）路内停车收费区域的调整

图5-1和图5-2显示了2014年12月1日前后南宁市路内停车收费区域。如图5-1所示，2014年12月以前的收费区域主要是图中的区域1和区域2，区域1涵盖了南宁市最重要的两个商业区，而区域2则涵盖了一些主要的住宅区。因此，区域1的收费标准要高于区域2。

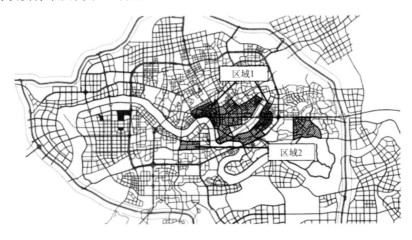

图5-1 2014年12月1日前路内停车收费区域

考虑到停车需求类型和土地利用特征，城市管理部门统一了2014年12月前原有停车区域的停车收费标准，即图5-2所示的区域3；2014年12月后新建的停车区域称为区域4。

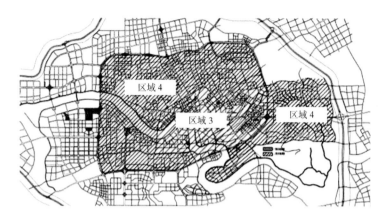

图5-2 2014年12月1日后路内停车收费区域

3）路内停车价格的调整

表5-1列出了2014年12月1日前后各个区域的路内停车价格的详细信息。"收费价格"一栏中的数值表示每30min或15min的停车费用。"收费时段"表示在相应区域停车需要收取停车费的时段。

不同区域路内停车收费标准　　　表5-1

区域	收费时段	收费价格	日最高收费（元）
1	7:30—22:00	3.0元/（车·30min）	60
2	7:30—22:00	2.5元/（车·30min）	40
3	7:30—22:00	2.5元/（车·15min）	无上限
4	7:30—22:00	2.0元/（车·15min）	无上限

2014年12月路内停车价格调整之后，这些区域的路内停车价格通常高于周边建筑附属停车场的停车价格。这是符合路内停车价格规律的，主要通过价格杠杆降低路内停车位的占用时间，提高停车周转率，同时可以提高周边建筑附属停车场的利用率。

4）第二次价格调整

综合考虑各种因素，自2017年3月15日开始，南宁市的路内停车收费政策又进行了调整。总体而言，各区域收费价格有所降低。本章所关注的区域主要是图5-2中的区域3，其收费价格调整为：停车期间前2h 1.5元/15min，这一基准费率和区域1在2014年12月前相同，略高于区域2在2014年12月前的价格；停车期间2h后2.0元/15min，以阶梯式的费率促进停车周转。

5.2.2 调查数据

1）调查阶段

为了分析停车价格变化对停车特征的短期和长期影响，在2014年12月1日之前和之后的不同时期进行了路内停车数据的收集获取，具体实证数据所覆盖的时段如下。

基准调查期（Baseline survey period，BLS）：2014年9月21日至9月27日，即停车调价之前为期一周的阶段。

第一次调价后的不同时期：

A阶段：2014年12月8日至12月14日，即第一次停车价格调整后的第二个星期；

B阶段：2015年1月12日至1月18日，即A阶段约一个月之后的7天；

C阶段：2015年4月13日至4月19日，即A阶段约四个月之后的7天；

D阶段：2015年6月8日至6月14日，即A阶段约六个月之后的7天。

所有阶段的数据均从周一至周日持续完整一周，周末外的法定节假日除外。

为了研究两次价格调整后的长期差异化停车表现，又分别在两次调价后更长时间间隔获取了一周的数据，即：

第一次调价后约8个月，2015年8月3日至8月9日；

第二次调价后约8个月，2017年11月1日至11月7日，2019年11月1日至11月7日和2020年11月1日至11月7日。

需要注意的是，由于受到停车收费信息系统调整的影响，第二次调价后收集到的数据质量略有不足。本章主要以第一次调价前后的对比分析为主，在部分内容中会延伸至第二次调价的案例。

2）采集数据

2014年12月调价前后采集的对象道路及其特征如表5-2所示。根据停车价格调整前后的所属区域，可将所有采集数据的道路路段分为两个样本。

（1）样本类型1：该样本包括的道路路段在2014年12月之前属于区域1，在2014年12月调价之后属于区域3，这些道路的停车价格由6元/（车·h）调整为

10元/（车·h）。

（2）样本类型2：该样本包括的道路路段在2014年12月之前属于区域2，在2014年12月调价之后属于区域3，这些道路的停车价格由5元/（车·h）调整为10元/（车·h）。

在调查日的8:00—22:00，使用路内停车管理和信息系统收集停车行为的原始数据（如停车位编号、停车开始时间、停车结束时间、停车时长等）。

调查的对象道路及其特征　　表5-2

样本类型	调查道路	第一次调价前区域	第一次调价后区域	周边土地利用主要类型	停车位数量	调价前停车样本量	调价后停车样本量			
							A阶段	B阶段	C阶段	D阶段
类型1	新华路	1	3	商业用地	85	1946	2023	1309	1450	1425
	民生路	1	3	混合用地	6	55	73	60	64	58
	金湖北路	1	3	商业办公	50	179	121	108	95	144
	金湖广场	1	3	CBD	62	604	693	414	429	468
	金湖南路	1	3	CBD	105	526	400	338	361	380
	文信路	1	3	办公用地	13	82	99	68	74	91
类型2	东葛路	2	3	混合用地	67	332	383	259	314	344
	古城路	2	3	商业用地	12	92	58	64	63	50
	民族广场东路	2	3	商业用地	15	72	12	7	1	16
	竹园路	2	3	混合用地	15	53	48	34	28	50
	望园路	2	3	混合用地	54	180	180	148	151	171
	茶花园路	2	3	居住用地	33	23	61	65	58	64

5.3 停车时长特征

停车时长（即车辆持续停放的时间）和停车位周转率（在一定时间间隔，如1h或15min内，每个停车位停放车辆的平均数量）是路内停车行为的两个重要指标[19]。停车时长反映了车辆在停车资源中的占用特征，其分布是停车规划和停车价格制定的重要依据。停车位周转率反映了停车场中每个停车位的平均使用效率，与停车时长密切相关。

5.3.1 平均停车时长

图 5-3 显示了 2014 年 12 月之前和之后样本类型 1 中每条调查道路的平均停车时长。由图中可以看出，停车价格调整后，调查道路的平均停车时长有所下降。文信路和民生路的平均停车时长出现了波动。然而，所有调查道路的平均停车时长普遍呈下降趋势（文信路除外）。

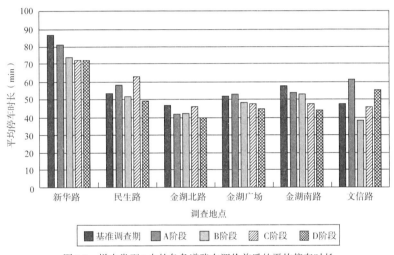

图 5-3 样本类型 1 中的各条道路在调价前后的平均停车时长

图 5-4 显示了 2014 年 12 之前和 2014 年 12 月之后样本类型 2 中每条调查道路的平均停车时长。与图 5-3 类似，停车价格调整后，被调查道路的平均停车时长有所减少。在样本类型 2 中，部分被调查道路的平均停车时长出现了明显的下降，如古城路、民族大道和茶花园路。对比图 5-3 和图 5-4 可以发现，样本类型 1 和样本类型 2 中所有被调查道路的平均停车时长变化趋势大致相同。

5.3.2 停车时长分布

表 5-3 显示了样本类型 1 和样本类型 2 中所有道路的停车时长分布情况，数据以累积分位数和百分比的形式显示。

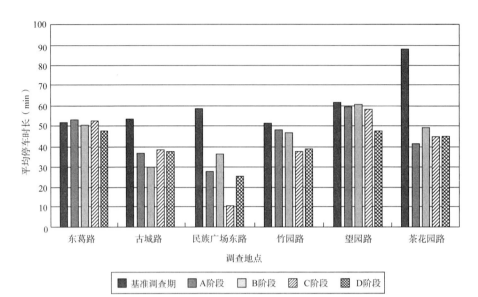

图 5-4 样本类型 2 中的各条道路在调价前后的平均停车时长

样本类型 1 和样本类型 2 中道路停车时长的累积分位数和百分比   表 5-3

样本类型		分位数（min）			百分比（%）		
		15%	85%	100%	15min 以内	30min 以内	60min 以内
基准调查期	类型1	14	133	656	16.80	34.20	56.10
A阶段		14	129	602	16.30	33.20	56.80
B阶段		12	116	591	21.00	38.80	61.30
C阶段		13	117	471	18.40	37.40	62.80
D阶段		12	113	578	21.10	41.00	64.40
基准调查期	类型2	10	103	568	24.70	43.90	67.30
A阶段		8	100	337	28.60	47.30	69.90
B阶段		7	98	457	30.00	50.80	72.10
C阶段		9	98	483	28.60	46.00	68.10
D阶段		7	83	308	29.50	50.80	74.20

如表 5-3 所示，样本类型 1 中短于 15min 的道路停车时长在 2014 年 12 月之前和 2014 年 12 月调价之后的 A 阶段中约占 16%；相比之下，在 2014 年 12 月调价之后的 B/C/D 阶段中约占 20%。在 2014 年 12 月之前的样本类型 1 中的道路的停车时长的 85% 分位数为 133min（停车费用约为 15 元），而在 2014 年 12 月调价之后的 D 阶段样本类型 1 中的道路停车时长的 85% 分位数仅为 113min（停车费用约为 20 元）。

样本类型2中短于15min的道路停车时长在2014年12月之前占比为24.7%，而在2014年12月调价之后的A/B/C/D阶段中占比约为30%。2014年12月之前样本类型2中道路停车时长的85%分位数为103min（停车费用约为10元），到2014年12月调价之后的D阶段样本类型2中道路的停车时长的85%分位数为83min（停车费用约为15元）。

因此，2014年12月停车价格提高后，长时间停车的情况有所减少，短时间停车时间的情况有所增加，此现象在样本类型2中的道路路段中尤其显著，其原因可能在于样本类型2的停车费用单价涨价幅度大于样本类型1。

5.3.3 停车时长的价格弹性

在第一次价格调整前后收集数据的9个月内（2014年9月至2015年6月），南宁市的城市交通系统的大部分属性保持不变。例如，公共交通价格、停车位总数、商业和住宅密度、路外停车位场数量及其价格水平等均基本保持不变。同时由于从停车信息系统所采集到的数据缺乏具体的驾驶人和车辆的信息，因此，所能够获取的数据集不支持使用更为灵活的模型。在此主要采用弹性系数的方法来衡量停车收费对停车需求的影响，通过弹性系数可以预测价格变化引起的需求变化。停车时长的价格弹性可用式（5-1）计算。

$$\varepsilon = \frac{(D_i - D_0)/\bar{D}}{(P_i - P_0)/\bar{P}} \quad (5\text{-}1)$$

式中，D_i和P_i分别为停车价格调整后的停车时长和停车价格；D_0和P_0分别为停车价格调整前的停车时长和停车价格；$\bar{D}$和$\bar{P}$分别为平均的停车时长和停车价格，分别由下面两式计算：$\bar{D} = (D_i + D_0)/2$，$\bar{P} = (P_i + P_0)/2$。

表5-4显示了不同样本道路的平均停车时长和停车时长的价格弹性。

平均停车时长和停车时长价格弹性　　　　表5-4

项目	样本类型	价格[元/（车·30min）]		调查时段				
		调价前	调价后	基准调查期	A阶段	B阶段	C阶段	D阶段
平均停车时长（min）	1	3	5	72.9	70.19	63.64	62.57	60.19
	2	2.5	5	55.9	51.45	49.99	50.87	44.9

续上表

项目	样本类型	价格 [元/(车·30min)]		调查时段			
		调价前	调价后	基准调查期	A阶段	B阶段	C阶段	D阶段
价格弹性	1				−0.076	−0.271	−0.305	−0.382
	2				−0.124	−0.167	−0.141	−0.327

从表5-4中可以得出以下结论：

（1）在2014年12月调价之后的A阶段中，样本类型1和样本类型2的停车时长价格弹性较小（样本类型1：−0.076，样本类型2：−0.124），说明停车时长在短期内对价格变化不敏感。

（2）停车价格调整后，随着时间的推移，停车时长的价格弹性绝对值从2014年12月调价之后的B阶段开始逐渐增大，说明价格调整策略实施一个月后，停车时长开始对价格的变化变得敏感。同时，也证明了停车时长的长期价格弹性大于短期价格弹性。

（3）价格调整策略实施后，停车时长的价格弹性随着时间的推移而增加（即随着时间的推移更加敏感），这一点与以前研究[24]的结论类似。此外，居民收入水平的提升也可能导致整体停车时间的延长。在2014年12月调价前后的9个月内，平均家庭收入在研究期间增加了5%。然而，尽管居民收入增加了5%，停车单位价格40%的涨幅使得停车时间依然保持下降趋势。因此，停车价格的变化对停车时长的影响可能更显著。

（4）与住宅区和办公区相比，商业区道路停车时长的价格弹性更为明显和敏感。出现这种价格弹性的原因一般是商业区的路外停车资源较多，路内停车价格上调后，使得很多路外停车场的收费低于路内停车收费。因此，在停车价格调整后，驾驶人很少选择将车辆停放在路内停车位，这也体现了路内停车价格调整的潜在效果。而在市中心的一些传统居住区，受历史原因的限制，路外停车资源通常比较稀缺，驾驶人可选择的停放空间有限，因此导致价格弹性并不敏感。

5.3.4 停车时长的 K-S 检验

为了检验不同样本类型和调查时段的停车时长是否存在明显差异，对2014

年12月调价前和调价后的四个不同时段中的样本类型1和样本类型2的道路停车时长数据进行了独立的Kolmogorov-Smirnov（K-S）检验。表5-5列出了检验结果，显著性水平为95%。

停车时长 K-S 检验的显著性水平　　　　　　　　　　表5-5

样本类型	基准	对比时期			
		A阶段	B阶段	C阶段	D阶段
1	基准调查期	0.228	0.000*	0.000*	0.000*
	A阶段		0.000*	0.000*	0.000*
	B阶段			0.184	0.043*
	C阶段				0.012*
2	基准调查期	0.291	0.083	0.521	0.010*
	A阶段		0.500	0.986	0.097
	B阶段			0.509	0.273
	C阶段				0.095

注：*表示 P 值小于或等于0.05，即结果具备显著的统计意义。

如表5-5所示，样本类型1在不同调查时段的停车时长差异较大，而样本类型2的差异较小。与样本类型2相比，样本类型1的停车时长对停车价格调整更为敏感。就样本类型1而言，2014年12月调价前和调价之后的B、C、D阶段的停车时长差异明显，而2014年12月调价前和调价后短时间内（A阶段）的差异则不明显。显然，政策实施后，短时间内停车时长并没有立即发生变化，需要一段时间才能逐渐稳定下来，即体现了短期弹性与长期弹性的差异。在样本类型2中，只观察到2014年12月调价前和调价后D阶段的停车时长有显著差异，而在D阶段之前没有显著差异，这表明停车收费政策的调整短期内对停车时长的影响不是很大，而在几个月后其影响才变得明显起来。

为了进一步研究不同道路的差异性，在样本类型1和样本类型2中选择了一些有代表性的道路进行K-S检验，检验结果见表5-6。

代表性道路的停车时长 K-S 检验的显著性水平　　　　　　表5-6

样本类型及道路	基准调查期	对比时期			
		A阶段	B阶段	C阶段	D阶段
样本类型1 ——新华路	基准调查期	0.141	0.003*	0.000*	0.000*
	A阶段		0.052	0.000*	0.000*

续上表

样本类型及道路	基准调查期	对比时期			
		A阶段	B阶段	C阶段	D阶段
样本类型1 ——新华路	B阶段			0.148	0.248
	C阶段				0.314
样本类型1 ——金湖北路	基准调查期	0.000*	0.001*	0.000*	0.000*
	A阶段		0.306	0.714	0.024*
	B阶段			0.876	0.726
	C阶段				0.114
样本类型1 ——文信路	基准调查期	0.196	0.006*	0.796	0.672
	A阶段		0.004*	0.221	0.189
	B阶段			0.013*	0.102
	C阶段				0.396
样本类型2 ——东葛路	基准调查期	0.541	0.890	0.681	0.468
	A阶段		0.515	0.953	0.101
	B阶段			0.550	0.575
	C阶段				0.395
样本类型2 ——古城路	基准调查期	0.180	0.025*	0.506	0.513
	A阶段		0.950	0.457	0.614
	B阶段			0.601	0.730
	C阶段				1.000
样本类型2 ——望园路	基准调查期	0.560	0.797	0.584	0.003*
	A阶段		0.981	0.527	0.047*
	B阶段			0.941	0.040*
	C阶段				0.017*

注：*表示P值小于或等于0.05，即结果具备显著的统计意义。

如表5-6所示，样本类型1中老城区商业区（新华路）和新城区商业区（金湖北路）道路停车时长的显著性差异相似。这一结果表明，政策实施后，停车时长短期内存在显著差异。而调价后的B阶段与C阶段或D阶段的停车时长没有明显差异，这说明价格变化对这两条道路停车时长的影响在一个月后即趋于稳定。但是，新城区政府机关区域（文信路）的K-S检验结果与商业区域有所不同。在文信路上，只有在调价后的B阶段期间才能观察到停车时长的明显差异。这种波动表明，对该条道路而言，路内停车收费变化的影响在一个月左右最大，而在其他时段并不明显。对于样本类型2中的典型道路,即位于行政机关区(东葛路)和居住区(古城路和望园路)的道路,停车价格调整前后短期内的停车时长并无明显差异,只有望园路的D阶段例外。显然,在这些道路上,路内停车价格调整对停车时长的影响仅在长期条件下明显。总体而言,商业区的停车时长似乎对价格变化相当敏感,而行政机关区和住宅区的停车时长则不太敏感。原因可能在于行政机关区域可能以公务出行为主,停车费包含在公务预算之中;住宅区的停车需求多为刚性需求;商业区的出行方式与停车选址则有较多的替代选择。

5.4 停车位周转率分析

5.4.1 停车位周转率

停车位周转率指在一定时间内每个停车泊位平均停放的车辆次数,是反映停车需求的一个重要指标。因在2014年12月调价前后的研究时段内,所选择的研究道路对象范围内的总停车位数量保持不变,因此,在此用每天调查时段内停放在调查道路上的车辆总量来表征停车位周转情况。

如表5-7所示,与2014年12月调价前相比,调价后短期内(A阶段)的停车位周转率变化较小,不同道路的增减比较随机,主要是短期内价格对停车需求的影响尚未显现。例如在此期间,很多驾驶人可能尚未意识到停车价格的变化而未改变停车习惯。从调价后的B阶段开始,停车价格调整对停车需求总量的影响逐渐显现,并导致B阶段的停车位周转率明显下降。而在C阶段和D阶段,居民开始适应停车价格调整,从而促使停车位周转率有所上升,但在样本类型1道路的停车位周转率依然明显低于调价之前。

不同时期样本类型1和2中各条道路的日停放总量　　表5-7

样本类型	时间	停放总量				
		基准调查期	A阶段	B阶段	C阶段	D阶段
1	周一	527	460	376	298	344
	周二	533	461	342	363	337
	周三	468	445	319	362	390
	周四	490	482	323	381	405

续上表

样本类型	时间	停放总量				
		基准调查期	A阶段	B阶段	C阶段	D阶段
1	周五	477	582	325	360	349
	周六	430	505	306	354	359
	周日	467	474	306	355	382
2	周一	101	112	91	53	105
	周二	116	117	79	90	105
	周三	111	103	85	95	106
	周四	110	88	96	94	98
	周五	112	113	102	101	101
	周六	103	101	58	95	87
	周日	99	108	66	87	93

5.4.2 高峰时段停车位周转率

图5-5和图5-6显示了工作日和周末平均每15min的停车数量。

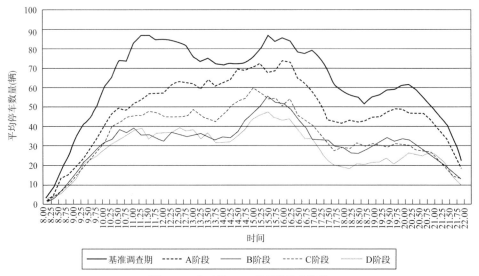

图5-5 工作日每15min的平均停车数量

第5章 路内停车收费价格调整的影响

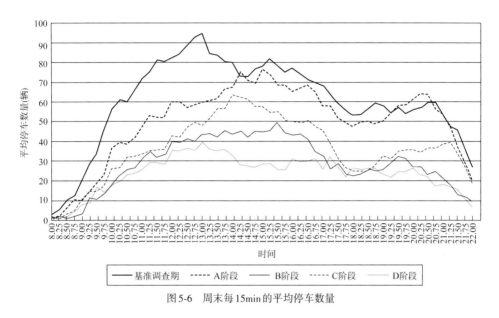

图5-6 周末每15min的平均停车数量

如图5-5和图5-6所示，2014年12月调价前的平均停车位周转率出现了三个高峰时段（工作日的11:00—12:00、15:00—17:00和20:00—21:00），调价后则主要是两个高峰时段（工作日15:00—17:00和20:00—21:00）。这一结果可能的原因在于，调价后取消了全天停车费的上限，因此驾驶人将避免过早地停放车辆（例如上午较早就驶入停车位），以避免支付高额停车费。

为了讨论高峰时段的停车需求，在式（5-2）中定义了高峰时段停车周转指数。

$$高峰期停车周转指数 = \frac{15\text{min}最高停车周转总量}{8:00—22:00总停车周转总量} \quad （5\text{-}2）$$

不同时期的高峰期停车周转指数如表5-8所示。

不同时期高峰期停车周转指数 表5-8

调查时期	基准调查期		A阶段		B阶段		C阶段		D阶段	
	指数	时段	指数	时段	指数	时段	指数	时段	指数	时段
周一	19%	15:15—15:45	16%	16:00—16:15	13%	15:30—16:00	11%	15:00—15:15 15:45—16:00	10%	15:45—16:00

续上表

调查时期	基准调查期 指数	基准调查期 时段	A阶段 指数	A阶段 时段	B阶段 指数	B阶段 时段	C阶段 指数	C阶段 时段	D阶段 指数	D阶段 时段
周二	20%	12:30—12:45	15%	14:45—15:00	12%	15:45—16:00	13%	15:15—15:30	6%	10:45—11:00
周三	17%	16:00—16:15	17%	16:15—16:30	11%	15:30—15:45	12%	15:00—15:30	10%	15:15—15:30
周四	19%	12:15—12:30	14%	12:30—12:45 16:15—16:30	11%	16:00—16:15	12%	15:00—15:15	14%	15:30—15:45
周五	17%	17:00—17:15	16%	12:30—12:45 13:30—13:45 14:00—14:15 14:30—14:45 15:15—15:30	10%	15:30—15:45	12%	15:15—15:30	9%	13:30—13:45 14:30—14:45 15:30—15:45
周六	18%	13:00—13:15	16%	15:00—15:15	10%	16:15—16:30	13%	14:00—14:15	11%	13:00—13:15
周日	19%	12:45—13:15	15%	14:15—14:30	10%	13:45—14:00 14:15—14:30	12%	14:00—14:30	5%	17:15—17:30

如表5-8所示，由于停车位周转率减小和平均停车时间缩短，2014年12月调价后的高峰时段停车位周转率指数普遍低于调价前的高峰时段停车位周转率指数，即高峰期的停车数量在下降。

5.4.3 停车位周转率的价格弹性

目前，我国正在经历快速的机动化发展，南宁市也是如此。例如，在2014

年9月至2015年6月期间,南宁市的汽车保有量增幅超过12%,如表5-9所示。汽车保有量的快速增长将抵消路内停车价格上涨对停车位周转率的影响。为了研究路内停车位价格变化和汽车保有量增加的影响,在此分别计算了考虑和不考虑汽车保有量增加的停车位周转率价格弹性,如表5-10所示。

不同调查时期的机动车保有量 表5-9

调查时期	2014年9月	2014年12月	2015年1月	2015年4月	2015年6月
汽车保有量(辆)	600251	625253	636932	660791	676254
相对比例	1	1.042	1.061	1.101	1.127

停车位周转率的价格弹性 表5-10

指标	样本类型	价格[(元/车·30min)]		样本类型总停车量——价格弹性				
		调价前	调价后	基准调查期	A阶段	B阶段	C阶段	D阶段
停车位总停车量	样本类型1	3	5	3392	3409	2297	2473	2566
	样本类型2	2.5	5	752	742	577	615	695
不考虑保有量变化的停车总量价格弹性	样本类型1	3	5	—	0.010	-0.770	-0.627	-0.555
	样本类型2	2.5	5	—	-0.020	-0.395	-0.301	-0.118
考虑保有量变化的停车总量价格弹性	样本类型1	3	5	—	-0.073	-0.884	-0.813	-0.786
	样本类型2	2.5	5	—	-0.082	-0.484	-0.444	-0.296

从表5-10中可以得出以下结论:

(1)停车位周转率的价格弹性一般小于0,证明停车位周转率随着停车位价格的上升而下降,路内停车需求与停车价格之间呈负相关。

(2)在停车价格调整一周后,调价后的A阶段的停车位周转率没有出现明显的价格弹性(即调价后A阶段样本类型1和2的停车位周转率价格弹性接近0)。

因此，停车价格的上调在很短的时间内对停车位周转率没有产生明显的影响。

（3）停车价格上调后，随着时间的推移，涨价后的B、C、D阶段的停车位周转率价格弹性绝对值先增大后减小，其中B阶段的价格弹性最大（-0.77和-0.395）。这一结果表明，驾驶人在一个月内对停车价格调整很敏感，停车价格调整四个月后，驾驶人对停车价格调整的敏感度下降。Kelly和Clinch[8]在爱尔兰都柏林地区进行了停车调查，结果与本案例类似。他们发现，当停车价格上涨50%时，停车位周转率的价格弹性为-0.29。

（4）在本章所关注的第一次调价前后的9个月时间里，南宁市的机动车数量增加，汽油价格下降，如果停车价格不变，停车周转率会增加。然而，在研究中可以看到，B阶段的价格弹性最大（-0.77和-0.395）。因此，如果消除机动车数量增加和汽油价格下降的影响，那么停车价格变化对停车位周转率的影响可能更大。

（5）样本类型1和样本类型2的停车位周转率价格弹性存在明显差异。样本类型1的停车位周转率价格弹性明显大于样本类型2。这一结果可归因于价格弹性受驾驶人出行目的的影响。样本类型1周围的土地用途多为商业区，而样本类型2周围的土地用途多为住宅区和办公区。商业区停车位周转率的价格弹性明显大于住宅区和办公区。这一结果表明，商业区的路内停车需求对停车价格很敏感，而住宅区和办公区周边道路的停车需求是更为刚性的。样本类型1的道路周边有大量的路外公共停车场，路内停车价格上调后，许多驾驶人也选择将车停在路外的公共停车场。

无论是否考虑车辆保有量的增加，停车位周转率价格弹性的变化趋势是相同的。考虑车辆保有量增加后的价格弹性绝对值明显大于未考虑车辆保有量增加时的价格弹性绝对值。因此，停车需求对价格调整相对敏感。如果考虑车辆保有量的增加，车辆保有量的增加可能会抵消停车价格调整对停车位周转率的一些影响。

5.4.4 停车位周转率的 K-S 检验

为了检验样本类型1和样本类型2在不同调查时期的停车位周转率是否存在显著差异，对2014年12月调价前后五个阶段中的样本类型1和样本类型2的道路停车位周转率数据进行了独立的K-S检验。表5-11列出了显著性水平为95%的结果。

不同时期停车位周转率的K-S检验　　　　　表5-11

样本类型	基准调查期	对比时期			
		A阶段	B阶段	C阶段	D阶段
1	基准调查期	0.938	0.002*	0.002*	0.002*
	A阶段		0.002*	0.002*	0.002*
	B阶段			0.056	0.056
	C阶段				0.541
2	基准调查期	1	0.012*	0.012*	0.203
	A阶段		0.056	0.056	0.203
	B阶段			0.541	0.203
	C阶段				0.203

注：*表示P值小于或等于0.05，即结果具备显著的统计意义。

如表5-11所示，在2014年调价前和调价后的A阶段中，样本类型1和样本类型2的停车位周转率没有明显差异。这一结果表明，停车价格调整后短时间内的停车位周转率与价格调整前保持一致，原因之一可能是出行者在短期内没有意识到停车费上涨的影响。同样，2014年12月调价前和调价后的B、C、D阶段的停车位周转率的显著差异表明，显著差异出现在停车价格调整后的较为长期阶段。此外，B阶段、C阶段和D阶段的停车位周转率也没有出现明显差异，这说明路内停车价格调整对停车位周转率的影响在较长期内趋于稳定。

5.5 二次价格调整后的停车特性

如前文所述，南宁市在2017年进行了停车收费价格的再次调整，对单位时间的停车费用进行了下调，以缓解相应的舆论压力等。

5.5.1 平均停车时长变化

如图5-7所示，在两次价格调整前后，平均停车时长发生了显著变化。以每个时期中的一周为横坐标轴来计算各时期的平均时长。2014年涨价后，如前面分析，大部分道路的停车时长在半年内逐渐减少。2017年降价后，所有道路的平均停车时长一开始都大幅增加，随后3年则出现波动，但与降价前相比总体处于上升水平。停车时长与价格的变化符合预期。2017年降价政策出台后，短期内停车时长突然增加，可能源于出行者对降价的报复性消费。

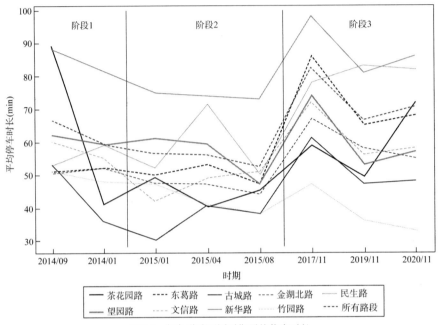

图 5-7 每条道路不同时期平均停车时长

选择涨价前（2014年9月，定为阶段1）、涨价后8个月（2015年8月，定为阶段2）、降价后8个月（2017年11月，定为阶段3）作为对比的3个阶段，比较三种道路类型的停车时长特征（图5-8）。结果显示，住宅区道路类型的变化最小，这可能是由于住宅区附近有基本且持续的停车刚需，且停车时长调整的灵活性不强。相反，商业区的停车时长受政策调整的影响最大，凸显了停车收费政策在管理购物和其他商业出行需求方面的有效调节作用。总体而言，商业区和办公区路内停车时长的价格弹性要高于住宅区。

5.5.2 停车时长分布

为了对比三个阶段之间的差异，对实际的停车时长进行了对数变换。图5-9描述了停车时长在三个阶段的分布情况。三个阶段表现出相似的整体模式，但在极值和方差上略有不同。从图5-9可以明显看出2017年降价对整个停车时长分布的影响。在涨价后 8 个月的第二阶段,与第一阶段相比,短期停车(如 30min 内)的比例增加,长期停车(如超过 1h)的比例减小。相反,在 2017 年降价后,长期停车(超过 1h)的比例在降价后 8 个月的第三阶段明显上升。这表明定价与停车时长之间存在直接关系:较低的收费导致较长的停车时长。

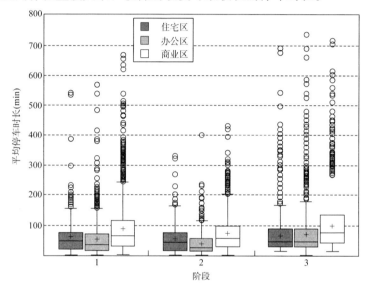

图 5-8 三种不同道路类型的平均停车时长

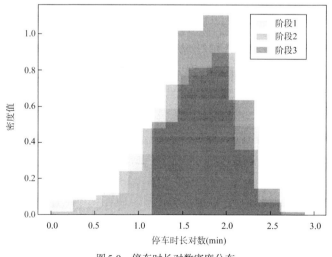

图 5-9 停车时长对数密度分布

在阶段 3,最长停车时间延长到 810 min(约 13.5h)。单日长期停车的比例超过了阶段2。表5-12列出了2h与3h停车费的比例。价格调整后,阶段3的3h停车费为20元,与阶段2的2h停车费相同。与阶段2相比,阶段3停车时长超过2h的比例明显上升,而在总价不变的情况下,停放3h的比例也超过了阶段2的停放2h的比例。由于阶段2、阶段3距离时间较长,随着人们收入水平的提升,能够支出的停车费用也在增加。

第2、3阶段的停车时长比例　　　　　　　　　表5-12

停车时长	阶段2停车时长比例(%)	阶段3停车时长比例(%)
>3h	4.44	16.83
>2h	13.51	33.89

5.5.3　一天内不同时段(阶段3)停车时长的分布

在第3阶段,一天内不同时段的停车时间差异很大。图5-10显示了阶段3工作日和周末的平均停车时间。由于第3阶段只在7:30—21:00执行收费。即图中的坐标轴从6到21,代表一天中的各个时段。横坐标表示每小时的时间间隔,并代表每条停车记录的开始时间。例如,横坐标20代表20:00—21:00之间开始的停车时间。

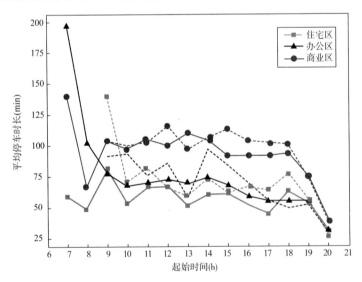

图5-10　阶段3每日内不同时段停车时长分布
注:图中实线表示工作日,虚线表示周末。

平均停车时长在工作日变化较小，而在周末则波动很大。工作日与周末相比，工作日的停车时间曲线表现出更明显的上午高峰。这可能是由于附近的员工习惯白天在道路上停车，晚上下班后就不再在那里停车。从道路类别来看，图5-10显示，与其他两类区域中的道路相比，住宅区道路平日上午的停车时长较少。土地利用类型2的道路，尤其是南宁市中心的古城路和东葛路，在周末全天呈现出明显的波动，这种现象可能是由于附近有大型购物中心所致。

5.5.4 停车费用

表5-13显示了3个阶段每条道路平均停车费用的K-S检验结果，表5-14显示了3类道路3个阶段的平均停车费用。

3个阶段每条道路平均停车费用的K-S检验　　　表5-13

道路	是否显著（P值）	
	阶段1对比阶段2	阶段2对比阶段3
古城路	是（0.422）	是（0.000）
金湖北路	是（0.000）	是（0.000）
竹园路	否（0.107）	是（0.000）
望园路	是（0.000）	是（0.000）
茶花园路	否（0.911）	是（0.000）
新华路	是（0.000）	是（0.000）
东葛路	是（0.000）	是（0.000）
文信路	是（0.000）	是（0.002）
民生路	是（0.000）	是（0.001）
全部道路	是（0.000）	是（0.000）

3类道路3个阶段的平均停车费用　　　表5-14

周边土地类型	阶段1	阶段2	阶段3
居住区	6.50	10.26	6.69
办公区	6.39	8.15	7.73
商业区	10.08	12.89	10.39

如表5-14所示，在两次价格调整过程中，各条道路的平均停车费出现了明显

的波动。2014年涨价后，大部分路段的平均停车费出现了明显的上涨，并在随后的数个月内最终趋于稳定，这表明驾驶人对停车价格调整的敏感度有所下降。相反，2017年降价后，各条道路的平均停车费均呈现下降趋势。总体而言，与阶段1相比，2014年涨价后的平均停车费用较高。与阶段2相比，虽然停车单价下降了50%~60%，但实际停车费用仅下降了5%（办公区）~34%（住宅区）不等。

可以看出，降价后，居住区道路（竹园路、望园路、茶花园路）的停车费用明显下降，而其他道路的停车费用下降幅度较小。这可能是因为居民区的停车时长来源于日常习惯，其周期特征相对固定。因此，如果价格下降很多，停车费也会下降很多。结合图5-8，住宅区的停车时长增幅最小，说明该区域的停车时长弹性较小。

2017年降价政策实施后，初期2h停车费与第一阶段基本持平。但在2017年价格调整后，除茶花园路外，其他道路的停车费均有明显上涨。此外，从图5-8中可以看出，与第一阶段相比，住宅小区的停车时长也有所增加，这说明居民停车时长在不断增加。考虑到经济发展水平，实际用于停车的收入比例持续下降（2014—2019年南宁市民人均收入增长了36%，而路侧停车费平均增长了8.6%）。随着收入的增加，如果停车费不变，居民停车时长将逐渐增加，导致路内停车资源利用效率降低。

5.6 本章小结

本章以南宁市为例，利用停车管理信息系统采集的较长期数据，基于面板数据研究了停车价格调整下的路内停车的短期和长期特征，包括停车时长、停车位周转率等在路内停车收费政策调整前后的特征变化。从分析结果来看，主要有如下结论。

（1）停车时长与停车价格密切相关，符合一般的逻辑认知。路内停车价格的提高会在一段时间内持续减少停车时长，而停车价格的降低则会促进长时间停车比例的上升。具体而言，在停车价格升高后的一段时间内，平均停车时长和停车时长的85%分位数逐渐减少。这一现象可以解释为，由于停车价格上涨，驾驶人限制了停车时间。因此，停车价格的上涨会抑制长时间停车的需求，而取消一天内的最高停车费限价则会改变停车时间的分布。在停车价格降低后，短期内停车时长有明显上升，长期而言，趋于振荡性稳定。

（2）停车价格的调整会对停车费用支出产生影响，但是并不是等比例地增减。在停车单价涨价后，停车费支出增加的比例小于单价增长的比例，而且不同用地类型周边的道路有所差异。例如居住区停车费增加幅度最大，受制于居住区停车的时间刚需特性；而办公区和商业区可以通过调节时间来控制停车费用。在停车单价下降后，同样也是居住区下降幅度最大，办公区和商业区下降幅度较小。

（3）停车位利用总量（即周转率）与停车价格密切相关。路内停车价格上升后，短期内停车位利用总量明显下降。但长期来看，在停车价格升高后，停车总量先下降后上升。但是，在南宁市近乎2倍的价格调整下，调价后半年内停车位周转率也没有达到停车价格调整前的水平。

（4）停车价格调整的长短期影响效应有所差异。如前文讨论的分析结果所示，表5-4显示了停车价格上涨后弹性的变化过程是不同的。对于样本类型1，在第一个月快速下降后，弹性趋于稳定；而对于样本类型2，则是缓慢振荡下降，半年后明显下降。也就是说，不同地区的短期弹性具有不同的振荡模式，而长期弹性则相似。这意味着，同样的停车收费政策可能会产生不同的短期效应，但长期效应却相似。因此，在实施路内停车定价收费政策时，不仅要观察短期效应，还要监测长期效应。这一结果也说明，路内停车收费政策的评估需要长期的观察和数据收集。

（5）路内停车收费政策对不同土地利用类型区域的停车行为的影响并不相同。商业区的价格敏感性较大，而住宅区和办公区的价格敏感性较小，即住宅区和办公区路内停车时长的价格弹性低于商业区，这反映了不同土地利用类型区域对路内停车的需求刚性特性不同。

基于前述的研究结论，有如下几点停车管理启示。

（1）在瞬息万变的社会环境中，停车收费政策的长期效果可能会受到很多因素的影响，因此政策的长期效果可能会被抵消。例如，在此次关注的第一次涨价前后的9个月中，从较长期来看，停车位周转率价格弹性的绝对值在最初上升后会下降，几年后可能归零。造成这一现象的部分原因是南宁市汽车保有量和家庭收入的快速增长抵消了价格上涨的影响。因此，在这样的外部环境下，制定路内停车价格政策来改变出行者的行为，需要考虑这些因素和其他个人特征。如果要保持定价对降低停车位利用率的作用，可以定期提高路内停车价格，这与伦敦拥堵费的变化类似。

（2）南宁市路内停车价格调整后，实地调查还发现，违法停车率有所上升，尤其是在路外停车场稀缺的传统住宅区。所有这些现象都意味着，路内停车收费的提高对停车行为的影响可能会被其他因素抵消。因此，在我国城市化和机动化进程如此迅速的条件下，为了使政策更好地发挥作用，可能有必要出台一些附属政策。比如，加强对违法停车的执法力度，在老旧住宅区增加路外停车资源等。

（3）在制定停车收费政策时，规划者除了要注意客观观察，还应该考虑出行者的主观想法。从根本上说，出行者会拒绝支付高额停车费，这种情况会导致涨价后停车时间缩短。在南宁，迫于公众压力，2014年涨价后，当地政府已经开始研究降低停车价格的可行性，并且在2017年进行了降价。但是前述有限的数据显示，降价后出行者在停车方面的支出减少幅度远小于降价的幅度，更多的是停车时长变长，此现象则在一定程度上失去了利用停车收费进行需求调节的意义。因此，对于政府而言，在确定路内停车收费价格时面临着一个重要问题，即在考虑改变驾驶人停车行为、减少进入城市中心区的车辆总数、满足出行者期望等各种目标之间的权衡基础上，制定适当的路内停车价格结构，而非简单地受舆情等影响即进行停车价格的调整。

总之，本章的结果可以为决策者今后的停车政策制定提供借鉴。例如在快速发展的城市，如我国和其他一些发展中国家的大城市，路内停车收费政策的效果会受到其他因素的显著影响，如快速增长的汽车保有量和家庭收入、部分地区有限的路内停车资源等，在制定政策时需要慎重考虑。路内停车收费政策的评估需要长期进行，而不仅仅是短期监测。为了实现最初的目标，有时需要同时实施一系列政策，而不仅仅是孤立的路内停车收费政策。

当然，本书使用的数据主要集中在南宁市中心区域的12条道路上，研究结果只能代表停车价格调整对城市中心区路内停车特征的影响。随着路内停车管理的发展和信息系统在国内多个城市的部署，未来可以侧重于广泛的实证数据研究，以找到更详细、更有代表性的结果。

本章参考文献

[1] BONSALL P, WILLUMSEN L. Pricing Methods to Influence Car Use [M]// GäRLING T, ETTEMA D, FRIMAN M. Handbook of Sustainable Travel. Dordrecht: Springer Netherlands. 2014: 95-111.

[2] AMER A, CHOW J Y J. A downtown on-street parking model with urban truck delivery behavior[J]. Transportation Research Part A: Policy and Practice, 2016, 102: 51-67.

[3] RAMIREZ-RIOS D G, KALAHASTHI L K, HOLGUÍN-VERAS J. On-street parking for freight, services, and e-commerce traffic in US cities: A simulation model incorporating demand and duration[J]. Transportation Research Part A: Policy and Practice, 2023, 169: 103590.

[4] MARSDEN G. The evidence base for parking policies—a review[J]. Transport Policy, 2006, 13(6): 447-457.

[5] WILSON R W. Estimating the travel and parking demand effects of employer-paid parking[J]. Regional Science and Urban Economics, 1992, 22(1): 133-145.

[6] PENG Z, DUEKER K, STRATHMAN J. Residential Location, Employment Location, and Commuter Responses to Parking Charges[J]. Transportation Research Record: Journal of the Transportation Research Board, 1996, 1556: 109-118.

[7] ALBERT G, MAHALEL D. Congestion tolls and parking fees: A comparison of the potential effect on travel behavior[J]. Transport Policy, 2006, 13(6): 496-502.

[8] ANDREW KELLY J, PETER CLINCH J. Influence of varied parking tariffs on parking occupancy levels by trip purpose[J]. Transport Policy, 2006, 13(6): 487-495.

[9] BONSALL P, YOUNG W. Is there a case for replacing parking charges by road user charges?[J]. Transport Policy, 2010, 17(5): 323-334.

[10] SIMIĆEVIĆ J, VUKANOVIĆ S, MILOSAVLJEVIĆ N. The effect of parking charges and time limit to car usage and parking behaviour[J]. Transport Policy, 2013, 30: 125-131.

[11] OSTERMEIJER F, KOSTER H, NUNES L, et al. Citywide parking policy and traffic: Evidence from Amsterdam[J]. Journal of Urban Economics, 2022: 128.

[12] EMMERSON RICHARDSON S K M. Extracting Maximum Benefit From Parking Policy —10 Years Experience In Perth, Australia[R]. Washington: American Planning Association, 2015.

[13] D'ACIERNO L, GALLO M, MONTELLA B. Optimisation models for the urban parking pricing problem[J]. Transport Policy, 2006, 13(1): 34-48.

[14] CAIN A, BURRIS M, PENDYALA R. Impact of Variable Pricing on Temporal

Distribution of Travel Demand[J]. Transportation Research Record: Journal of the Transportation Research Board, 2001, 1747: 36-43.

[15] SYED S, GOLUB A, DEAKIN E. Response of Regional Rail Park-and-Ride Users to Parking Price Changes[J]. Transportation Research Record: Journal of the Transportation Research Board, 2009, 2110: 155-162.

[16] SIMIĆEVIĆ J, MILOSAVLJEVIĆ N, MALETIĆ G, et al. Defining parking price based on users' attitudes[J]. Transport Policy, 2012, 23: 70-78.

[17] AHMADI AZARI K, ARINTONO S, HAMID H, et al. Modelling demand under parking and cordon pricing policy[J]. Transport Policy, 2013, 25: 1-9.

[18] KELLY J A, CLINCH J P. Temporal variance of revealed preference on-street parking price elasticity[J]. Transport Policy, 2009, 16(4): 193-199.

[19] OTTOSSON D B, CHEN C, WANG T, et al. The sensitivity of on-street parking demand in response to price changes: A case study in Seattle, WA[J]. Transport Policy, 2013, 25: 222-232.

[20] MILOSAVLJEVIĆ N, SIMIĆEVIĆ J. Revealed preference off-street parking price elasticity[C].Fukuoka: Proceedings of the Proceedings of 5th Annual Meeting of the Transportation Research Arena, 2014.

[21] PU Z, LI Z, ASH J, et al. Evaluation of spatial heterogeneity in the sensitivity of on-street parking occupancy to price change[J]. Transportation Research Part C: Emerging Technologies, 2017, 77: 67-79.

[22] IBEAS A, DELL'OLIO L, BORDAGARAY M, et al. Modelling parking choices considering user heterogeneity[J]. Transportation Research Part A: Policy and Practice, 2014, 70: 41-49.

[23] CHANIOTAKIS E, PEL A J. Drivers' parking location choice under uncertain parking availability and search times: A stated preference experiment[J]. Transportation Research Part A: Policy and Practice, 2015, 82: 228-239.

[24] PICCIONI C, VALTORTA M, MUSSO A. Investigating effectiveness of on-street parking pricing schemes in urban areas: An empirical study in Rome[J]. Transport Policy, 2018, 13(2):496.

第6章

不同公共交通优惠政策的差异化影响

注:本章内容最初发表情况　Jingchen Dai, Zhiyong Liu, Ruimin Li*. Improving the subway attraction for the post-COVID-19 era: The role of fare-free public transport policy. Transport Policy, 2021, 103: 21-30。

新型冠状病毒（COVID-19）疫情（简称"新冠疫情"）对全球的交通运输系统产生了极大的影响，尤其是对于城市公共交通系统，从事后来看（以2023年为例），其影响是难以估量的，突出表现为公共交通（尤其是地面公交）客运量的下降。2020年新冠疫情反复期间，为了增强疫情暂熄之后的公共交通使用量，国内有城市（如杭州、宁波和厦门）在防控放松期间实施了不同类型的公交免费政策，以吸引乘客回归城市公共交通，这为研究和探索不同的免费政策对公交客运的影响提供了实验地。本章主要基于杭州、宁波和厦门三个城市的数据，捕捉不同类型公交免费政策的实施对每日地铁客流的影响。

6.1 概　　述

新冠疫情在全球范围内产生了巨大影响，影响了全球的经济发展，增加了失业率，促进了远程办公和在线学习的发展，减少了个人出行，也影响了民众的心理健康和幸福感。为遏制COVID-19的传播，许多国家都曾宣布全国进入紧急状态，并实行了居家隔离措施，给社会经济发展和人们日常生活带来了极大的影响。当然在人们被迫居家的同时，也出现了一些意想不到的好处，例如空气质量得到改善、水质更加清洁、交通事故率下降等。

2020年初疫情暴发高峰之后，随着感染和死亡人数的减少，各个城市逐渐放松了疫情暴发时的隔离政策。然而，当企业和工厂准备重整旗鼓、恢复正常生产时，交通领域的某些问题却开始凸显。由于受到"保持社交距离"等防疫措施的影响，许多城市的公共交通乘客量减少了50%~90%[1-2]，乘客数量的减少导致了公共交通行业的收入锐减和服务缩水。此外，疫情的预防措施推动了出行者更多地选择个体出行工具，导致在社会秩序恢复正常后城市道路交通机动化压力不断增加。2020年第一季度，甚至在全面复工之前，国内一些城市的交通拥堵情况就已比2019年同期更加严重[3]。国家发展和改革委员会资源研究所（Energy Resources Institute，ERI）2020年的一项调查也发现，COVID-19封锁解除后，35%的乘客可能会改变通勤方式，其中以地铁和公交的减少幅度最大[4]。因此，在没有任何干预措施的情况下，在大流行病后的环境中公共交通使用量的减少是不可避免的。而从疫情后的现实情况来看，这一点尤其体现在地面普通公交体系中。为了应对此种局面，多个国家的城市[5]都采取了降低票价等措施来吸引公共交通客流。

为遏制道路交通更加拥堵、公共交通更加空虚的趋势，我国三个城市在2020年的不同阶段推出了不同类型的公共交通免票政策，以吸引乘客回流。

杭州市从2020年3月18日至2020年3月31日实行高峰时段免费乘车政策。公交线路（专线除外）和地铁线路在工作日早晚高峰时段（7:00—9:00，16:30—18:30）对乘客免费。

2020年3月23日，宁波市实施"多乘多惠"政策。所谓"多乘多惠"，是指在优惠期内（即30天内），当乘客使用地铁的次数和费用达到一定阈值时，将向乘客发放一定数量的免费地铁电子票，这些免费地铁电子票可用于任何距离和出发时间的出行。此外，宁波还在2020年3月31日至2020年5月6日期间推出了非高峰时段免费乘车政策。在非高峰时段，无论是工作日、周末还是节假日，地铁都是免费的。

2020年4月11日至2020年6月30日，厦门实行休息日免费乘车政策。市民和游客可在法定节假日和休息日免费乘坐地铁、快速公交和普通公交。

这三个城市的政策实施为探究公共交通免票政策对公交乘客数量的影响提供了良好的实证环境。受制于数据的可获取性以及三个城市的免费公共交通政策都适用于其地铁系统，本章重点关注三个城市免费政策下每日地铁客流量的变化机理。这三个城市的政策对象都是非目标性的，即政策会普惠到所有的城市居民与外来游客。同时，受疫情对公共交通的影响，一般的前后对比法[6-9]已经难以满足分析的需求，因此在方法论上采用了合成控制法（Synthetic Control Method，SCM）开展"有无对比"，利用其他城市的数据为三个案例城市构建各自的反事实情景，从而更为精准地评估和比较不同的公共交通免费政策对地铁客流的影响。

6.2 公交免费政策

由于公共交通在与私人小汽车等个体化交通方式的竞争中所存在的先天性的问题，例如无法实现"门到门"服务、运行速度偏低、舒适度不高等，因此，针对公共交通出台某些政策干预措施而使公共交通比其他交通方式在某些方面更具吸引力，是城市发展公共交通过程中常用的手段，恰当的干预措施可以有效增加乘客量[10]。一方面，可以通过措施（如公共交通票价调整和公共交通优先权）形成更具吸引力和更便捷的公共交通服务，例如票价的波动确实可以在一段时期内对公交客流带来一定的影响[11-12]。另一方面，针对私人小汽车使用的政策，如道路收费、提高停车费、车辆限行政策等收费和监管措施会增加个人驾驶成本，从而推动部分私人小汽车用户转向公共交通，进而间接地提高公共交通的乘客量。当然，提高驾驶成本可能会产生出行者的心理和舆论阻力，这在我国当前机动化快速发展时期已有体现，相关话题也很复杂，本书在此不再展开。

在推动公共交通发展的各项政策中，公共交通的免票政策并不普遍，因为这将带来较高的经济负担和对服务质量的挑战。但在欧洲部分城市、中国个别城市和美国的部分城市等，仍有一些成功的免票政策[13]。一些实地实验也证明，公共交通免票政策能有效提高公共交通的使用率[9,14-15]。

当然，从历史上来看，免费公交并不是一个全新的理念。数十年来我们一直在讨论的就是，出于各种原因，公共产品和服务应该免费，让每个人都能普遍使用，而公交免费可能同时也能解决道路交通拥堵问题，减少各种城市内的私人交通工具对环境造成的负面影响。当然，与学校、图书馆、博物馆、道路、绿地等相比，公共交通还应该算是一种"准公共产品"。

关于免费公交对乘客的影响分析方面，最初，免费对乘客数量的影响是通过票价弹性来评估的[16]，一些行业标准将票价弹性设定为-0.3[17]。然而，从实际案例来看，乘客量的增长更为惊人（表6-1）。近几十年来，科研人员对一些实际案例进行了评估，以研究免费公共交通政策的效果。一个案例是，2004年，荷兰的莱顿和海牙之间的公交线路每周一至周五对所有乘客免费[6]，政府试图通过为通勤者提供另一种出行方式来减少私人小汽车出行较多导致的道路拥堵。研究发现，这些免费公交线路的乘客量增加了两倍。然而，几乎没有证据表明交通拥堵有所缓解，而且从私人小汽车到公共交通的转变部分普遍发生在非高峰时段。

免费公交项目的实际案例　　　　　　　　　　　　　　表6-1

地点（时长）	目标群体	时间	免费公交范围	结果
荷兰莱顿&海牙（2004年1月至2004年12月）	所有人	周一到周五	3条公交线路	免费的公交线路每天增加1000~3000名乘客，拥堵未减少[6]

续上表

地点（时长）	目标群体	时间	免费公交范围	结果
比利时哈塞尔特（1997年7月至2013年4月）	所有人	周一到周日	9条公交线路	第一年客流增加了9倍[6-7]
法国奥巴涅及周边（2009年至今）	所有人	周一到周日	11条常规公交线路，13条校车线路，1条有轨电车线路	乘客人数在7年内增长了约3倍[8]
爱沙尼亚塔林（2013年至今）	登记的塔林居民	周一到周日	公交、无轨电车、有轨电车	运营的前四个月客流量增长了1.2%。公共交通的出行份额增加了14%。车辆行驶里程增加了31%。[13,18-19]

另一个著名的案例是比利时哈瑟尔特（Hasselt）的免费公共交通。在实行免费公共交通政策之前，公共交通系统既不方便又不受欢迎。公共汽车的免费，再加上公交网络的改善和服务质量的提高，带来了里程碑式的转变，公交免费后第一年的乘客量就增加了9倍[7]。此外，新增乘客中有37%来自新用户，其中16%来自私人小汽车，12%来自自行车，9%来自步行[6]。尽管这一变化表明免费公共交通政策取得了成功，但在2013年，仅有5%的出行者是乘坐公交车，这也招致了一些批评的声音[18]。由于成本增长异常迅速，哈瑟尔特的免费公共交通时代于2013年结束。

在法国，有至少20个实施免费公共交通的城市，其中奥巴涅（Aubagne）及其附近的市镇最为知名。Kębłowski[8]认为，乘客量在7年内增加了约3倍，特殊交通群体，尤其是青少年、老年人和单身母亲，从公共交通免票政策中受益最大。在出行方式转变方面，Kębłowski[8]也得出结论，认为一半的新公共交通出行者过去依赖私人小汽车或摩托车。

前面几个案例的城市规模都比较小，当然，免费公交也适用于一些较大规模的城市区域。爱沙尼亚首都塔林于2013年推出了公共交通免票政策，以促进公共交通发展，提高出行效率并增加市政税收收入。利用自动车辆定位和自动乘客计数数据，有学者[19]采用多元分析方法研究了该政策的效果。结果显示，该政策实施的前四个月，免费公交对乘客量增加的贡献只有1.2%，其余的客流增长更多地归因于公共交通优先车道网络的扩展和服务频率的增加。免费公交政策的客流吸引能力薄弱，归因于以前的价格水平已经较低，免费政策未能给乘客体验带来显著改变；此外，聚焦短期影响的分析可能也弱化解读了免费公交政策的客流吸引能力。之后有学者[18]又利用年度市政调查对政策实施前和实施近一年后的变化进行了评估。公共交通的客运量增加了14%，原因是汽车出行量减少了10%，而以步行为主要出行方式的出行量减少了40%。此外，年轻群体（15~19岁）、老年群体（60~74岁）和低收入群体大幅增加了公共交通的使用率。值得注意的是，虽然出行方式成功地从汽车转向了公共交通，但汽车行驶里程却增加了31%。基于塔林的数据，另有研究[20]也显示在实施公交免费政策后，城市中使用公共交通的模式比例从55%增加到63%，而这种增加主要是从步行模式到公共交通模式的转变。

除上述的实际案例外，还有一些其他形式的公共交通免票政策，主要针对不同的乘客类别或一天中的某些时段[21-22]。例如我国众多城市面向老年人等群体实施免费乘坐公共交通政策等。

公共交通完全免费的场景并不多见，而低价公交却是近年来我国一些城市经常会采用的促进公交分担率的一种方式。但是相关研究表明[23]，虽然公共交通票价的降低确实可以在短时间内使其分担率有所上升，但随着时间的推移，其影响会逐渐减弱。而从长远来看，公共交通票价的降低并不一定会提高其分担率，因为票价并不是影响公交分担率的最关键因素。

在探讨免费公共交通的影响方面，考虑到现实世界中实施免费公交的城市数量有限，一些研究人员进行了实地实验，向研究对象提供短期免费公共交通票。然后，可通过测量干预前、干预期间和干预后报告的出行行为之间的差异来了解免票公共交通政策的效果[24-26]，或将研究组与对照组进行比较[14-15, 27]。与真实世界的案例相比，这些类型的研究更为经济，针对特定人群（如私人小汽车车主），为回答广泛的问题（如个人心理因素和满意度如何变化）提供了便捷的途径。然而，自我选择偏差或缺乏随机对照组可能是这些研究的一个问题。

6.3 研究方法和数据

6.3.1 合成控制方法

关于公共交通免费政策对增加公交乘客量的促进作用，无论其作用大小，以往的研究往往已达成普遍共识。然而，以往对这些政策效果的评估也存在一些局限性，例如由于前后对比研究的缺点和可用对照组的缺乏等，难以保证研究结果及其推论的有效性和可靠性。

免票公共交通政策的促进效应可分为生成效应和替代效应，当个人处于稳定的决策环境中时，这种效应是有意义的。然而，在大流行病的阴影下，很难说人们是否会因为地铁取消收费而放弃私人交通方式或产生不必要的出行。

在本章中，为研究公共交通免费政策对地铁吸引力的影响，采用了单因素模型。单因素模型可进行反事实分析并评估一个策略（如一项政策）如何影响相关结果变量（如地铁日客流量）。例如在已有研究中所提出的[28]，单因素模型假定通过计算非对象城市的加权平均值，可以得到对象城市的反事实情景（或称合成城市，对象城市在本章中是杭州、宁波、厦门）。在政策实施前，对象城市的观测结果变量应与合成城市的观测结果变量一致。政策实施后，其效果可通过对象城市与合成城市结果变量趋势之间的差异来解释。与其他更广泛使用的方法相比，单因素模型具有一定的优势。

首先，当对策措施是非目标性的且影响整个城市时，可用的对照组数量是有限的[29]。而有效选择对照组也是对比案例研究的挑战之一。单因素模型使用对照组的组合，可以对受政策影响的城市进行比任何单个城市更好的比较[28]。其次，单因素模型放宽了平行趋势假设，并考虑了观察到的和未观察到的时变效应[30]。最后，单因素模型的估计值在外部和内部都是有效的[31]。

单因素模型已广泛应用于因果关系和政策评估，并克服了识别问题，因此，在本章中应用单因素模型进行不同城市的对比研究。

单因素模型的具体原理如下：假设在 T 时段内有 $J+1$ 个城市，其中 $j=1$ 是对象城市，其在 T_0 时段内实施了免费公共交通政策；而 $j=2,3,\cdots,J+1$ 是不受该政策影响的对照组。PF_{jt} 表示对象城市 j 在时间 t 内观测的每日的地铁客流量。对于城市 $j=1$ 和时段 $t=1,\cdots,T$，PF_{jt}^N 表示如果对象城市没有实施公共交通免费政策，在时间 t 内观察到的地铁的日客流量。措施实施之后，在时间 $t>T_0$ 时对象城市的措施效果如下：

$$\alpha_{jt} = \text{PF}_{jt} - \text{PF}_{jt}^N \tag{6-1}$$

本章的目标是估计措施效应变化的动态向量 $\left(\alpha_{j,T_0+1},\cdots,\alpha_{j,T}\right)$。杭州、宁波和厦门在 T_0 期后实行了公共交通免票政策，可以观察到实际的地铁日客流量。但是，无法观测到这些城市在没有公共交通免票政策影响下的潜在的日地铁客流量。因此，在单因素模型中使用了一个因素模型来确定潜在的反事实 PF_{jt}^N：

$$PF_{jt}^N = \delta_t + \boldsymbol{\theta}_t \boldsymbol{Z}_t + \boldsymbol{\lambda}_t \boldsymbol{u}_t + \varepsilon_{jt} \tag{6-2}$$

式中，δ_t 是一个未知的共通项，对所有的城市有相同的影响；$\boldsymbol{Z}_t$ 是不受公共交通免费政策影响的控制变量的一个（$r \times 1$）向量；$\boldsymbol{\mu}_t$ 是一个（$F \times 1$）维的非观测固定效应项；$\boldsymbol{\theta}_t$ 和 $\boldsymbol{\mu}_t$ 是待估计的未知参数向量，误差项 ε_{jt} 是非观测的临时影响。

为了评估公交免费政策对地铁日客流量的影响，一个合适的解决方案是通过对案例库中的对照组进行加权来模拟所研究城市的特征：假设一个 $J \times 1$ 的权重向量 $\boldsymbol{W} = (\omega_2, \omega_3, \cdots, \omega_{j+1})$ 满足 $\omega_j \geq 0$ 和 $\omega_2 + \omega_3 + \cdots + \omega_{j+1} = 1$。

向量 $\boldsymbol{W}$ 的每个特征值都是案例库中每个城市的特定权重，因此，结果变量的合成值如下：

$$\sum_{j=2}^{J+1} \omega_j PF_{jt} = \delta_t + \boldsymbol{\theta}_t \sum_{j=2}^{J+1} \omega_j \boldsymbol{Z}_j + \boldsymbol{\lambda}_t \sum_{j=2}^{J+1} \omega_j \boldsymbol{u}_j + \sum_{j=2}^{J+1} \omega_j \varepsilon_{jt} \tag{6-3}$$

假设一个向量组 $\boldsymbol{W}^* = (\omega_2^*, \omega_3^*, \cdots, \omega_{j+1}^*)$ 满足：

$$\sum_{j=2}^{J+1} \omega_j^* PF_{j1} = PF_{11}, \sum_{j=2}^{J+1} \omega_j^* PF_{j2} = PF_{12}, \cdots, \sum_{j=2}^{J+1} \omega_j^* PF_{jT_0} = PF_{1T_0} \text{ and } \sum_{j=2}^{J+1} \omega_j^* \boldsymbol{Z}_j = \boldsymbol{Z}_1 \tag{6-4}$$

为获得向量 $\boldsymbol{W}^*$，最小化政策实施前的均方根预测误差（Root Mean Squared Prediction Error，RMSPE）：

$$\min RMSPE_i = \min \sqrt{\frac{1}{T_0} \sum_{t=1}^{T_0} \left(PF_{1t} - \sum_{j=2}^{J+1} \omega_j^* PF_{jt} \right)^2} \tag{6-5}$$

式中，PF_{1t} 是政策实施前的对象城市观测到的地铁日客流量。$\sum_{j=2}^{J+1} \omega_j^* PF_{jt}$ 是非对象城市的加权平均值，代表了受政策影响的对象城市在 t 时期的反事实结果。一旦确定了向量 $\boldsymbol{W}^*$，就可以利用式（6-1）来评估政策的效果[28]。

6.3.2 数据

在研究中，选择城市级的地铁日客流量数据作为结果变量。杭州、宁波和厦门为对象城市组，我国其他的19个一线城市或新一线城市为单因素模型的潜在案例库。首先在城市的选择上，为了避免过拟合问题，必须放弃一些对照城市，因为这些城市的主要特征与对象城市不同[29]。首先排除北京和上海，北京是中国的政治中心，上海市是中国的经济中心，在疫情期间受到的管制与其他城市有所不同。其次，武汉也被排除在外，因为与其他城市相比，武汉在新冠疫情初期病毒大流行期间遭受的损失最严重，恢复进度也最慢。此外，需要注意的是，我国许多城市都采用了车辆限行政策来应对私人道路交通的外部性问题，而这有助于通过提高小汽车驾驶人转向公共交通的交叉弹性来增加地铁客流量[10]。因此，如果给定的对照城市和对象城市在新冠病毒大流行爆发之前或之后实施车辆限行的要求不同，则该城市不应被包括在对象城市的可能案例库中。例如，针对杭州的情况，成都、广州、深圳、天津和西安可被纳入对比案例库。在疫情暴发前，杭州及其对比案例库中的城市都已经实施了车辆限行措施。而疫情第一次大暴发之后，直到2020年3月30日，部分城市才开始恢复汽车限行。其他八个城市（长沙、重庆、大连、东莞、南京、青岛、沈阳和苏州）则属于宁波和厦门的对比案例库，研究期间这些城市都从未实施过车辆限行措施。

选取的控制变量包括政策实施前四周的复工率、2020年1月1日至2020年1月19日的地铁日客流量以及人均国内生产总值的对数。当政府引导个人以可控的方式恢复正常生活时，出行强度与城市的复工速度密切相关，因为复工会产生一些必要的出行，如上班通勤等。因此，在研究中控制了复工率，即累计活跃就业人口与基准活跃就业人口的比例。累计就业人口数量从2020年2月1日开始计算，基准活跃就业人口数量取自2019年12月的活跃劳动人口。随着城市经济和工业的复苏，复工率从0逐步上升到接近1的水平。此外，在研究中还控制了2020年1月1日至2020年1月19日的地铁日客流量数据，因为它反映了一个城市的地铁发展与运营水平。2020年1月20日，新型冠状病毒可在人与人之间传播的消息正式公布，在此之前，客流量可以被视为不受疫情的影响。当然，经济发展也与客流量有关，因此也对代表经济活动水平的人均国内生产总值（Gross Domestic Product，GDP）进行了控制，该数据来自《中国城市统计年鉴2019》。

图6-1显示了三个对象城市的复工率变化情况。杭州、宁波和厦门分别在复工率达到0.70、0.79和0.81时实施了公共交通免票政策。图6-2和图6-3展示了三个城市的地铁乘客量及其对比案例库内各城市的地铁乘客量。可以看出，杭州、宁波和厦门的预测因子总体上处于中等水平，其他城市可以借鉴。利用前述的研究方法，构建了与杭州、宁波和厦门地铁乘客量值相仿的合成城市。在每项政策实施前的四周内，将预处理RMSPE最小化。然后，在政策实施后的几天内，将对

象城市观察到的地铁客流量与合成版本进行比较,就可以估算出这些政策的效果。

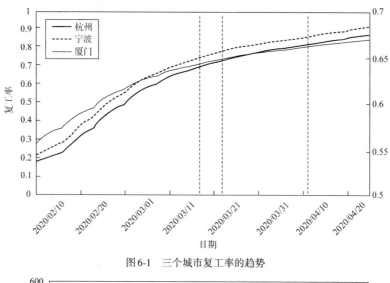

图6-1 三个城市复工率的趋势

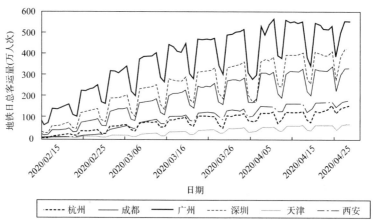

图6-2 杭州及其对照城市的日均地铁客流

此外,在选择后处理效应的时间段时还采用了两个原则。第一,公共交通免票政策的效果应在政策实施结束前进行评估。第二,对比案例库和对象城市不应发生显著的变化。就杭州而言,由于公共交通免票政策在2020年3月31日后取消,因此后处理效应的时间段为2020年3月18日至2020年3月30日。至于宁波和厦门,后处理效应只显示到2020年4月25日,因为公共交通免票政策的效应很可能会受到其对比案例城市(如沈阳)新开通地铁运营线路的影响。

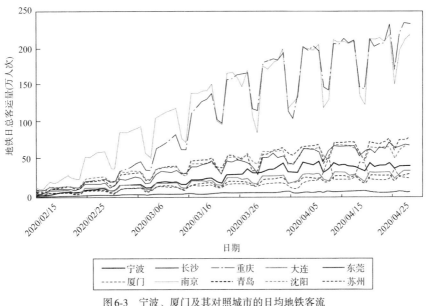

图6-3 宁波、厦门及其对照城市的日均地铁客流

6.4 结果分析

为了构建对象城市在没有政策干预下的反事实结果，对比案例库中的每个城市都会产生一个权重。合成杭州、合成宁波、合成厦门的对比案例库中城市权重如表6-2所示。单因素模型的一个重要特点是，观察到的结果变量和合成的结果变量在政策实施之前应该是相似的。前面指出了使用RMSPE指标来检验观察结果变量与合成结果变量之间的差异。鉴于RMSPE受结果变量的测量和规模影响，因此还采用了政策实施前的t检验[32]。

在政策实施之前，观察到的地铁乘客人数应该与合成的乘客人数相似，因此t检验统计量应该是不显著的。由于合成曲线再现了对象城市的反事实情况，在政策实施之后的时期内，观察到的时间趋势与合成时间趋势之间的垂直差距可以解释为公交免费政策带来的影响。因此，亦采用了t检验来确定政策实施之后的期间观察到的和合成的地铁乘客量之间的差异。表6-3显示了RMSPE和t检验的结果。在政策实施之前，三个对象城市观测的乘客量和合成乘客量在统计上没有显著差异。然而，根据实施后的t检验，不同的公共交通免费政策展现出差异化的效果。

对照城市的权重　　　　　　　　　　　　　　　　　　表6-2

城市	合成杭州权重	城市	合成宁波权重	城市	合成厦门权重
成都	0.100	长沙	—	长沙	0.147
广州	—	重庆	—	重庆	—
深圳	0.171	大连	0.157	大连	—
天津	0.729	东莞	—	东莞	0.544
西安	—	南京	—	南京	—
		青岛	0.655	青岛	0.310
		沈阳	—	沈阳	—
		苏州	0.188	苏州	—

对象城市的RMSPE以及政策实施前后的t检验　　　　表6-3

对象城市	RMSPE	实施前t检验统计	实施后t检验统计
杭州	2.769	−0.041	−1.589
宁波	1.153	0.270	12.071***
厦门	1.717	0.139	2.893*

注：* 5%水平显著；** 1%水平显著；*** 0.1%水平显著。

合成杭州的对比数据有三个城市，其中天津贡献最大，其次是深圳和成都（表6-2）。图6-4绘制了杭州每日地铁客流量的观测值和合成值。实线代表杭州地铁的观测客流，虚线代表杭州地铁的合成客流，垂直虚线代表政策生效日。从图6-4中可以看出，2020年3月18日之前，杭州和合成杭州的地铁日客流量的时间趋势非常吻合。因此，实线与虚线之间的差距就是公共交通票价调整实施效果的估计值。在垂直虚线之后，合成杭州的地铁日客流量与杭州地铁日客流量的观测值的曲线相吻合。这一结果与政策实施之后杭州的t检验结果一致，表明杭州的高峰小时免费政策的实施并未对地铁日客流量产生显著影响。

如表6-2所示，宁波地铁的日客流量由青岛、苏州和大连的地铁客流合成表达最好。在宁波的合成结果中（图6-5），在垂直虚线之前，实线和虚线几乎重合，这表明宁波的合成结果良好。在垂直虚线之后，合成的宁波地铁日客流量的曲线明显低于观测的宁波地铁日客流量的曲线。从表6-3中可以看出，线与线之间的正差以及处理后的t检验表明，多乘多惠和非高峰免费政策对于增加宁波地铁的日客流量具有促进作用。2020年3月23日至2020年4月25日，宁波地铁日客流观测值比合成值高出约24%。具体而言，工作日地铁客流增长了约18%，周末增长了约40%。表6-4显示了政策实施后不同工作日和周末的客流增长率。总体而言，多乘多惠和非高峰免费政策对宁波地铁客流增长的影响呈先升后降的趋势。造成这一结果的原因可能是，如果出行者对地铁恢复信心，并且随着复工进程接近尾声，他们的出行习惯受到多乘多惠和非高峰免费政策的影响可能较小。无论如何，宁波市地铁的日客流量变化情况提供了强有力的证据，证明实际上可以通过实施多乘多惠和非高峰免费政策来提高地铁吸引力。

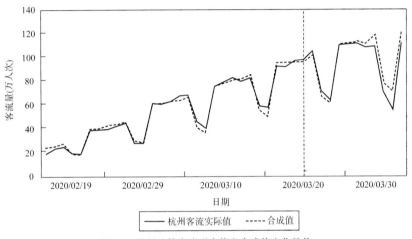

图6-4　杭州地铁客流观察值和合成值变化趋势

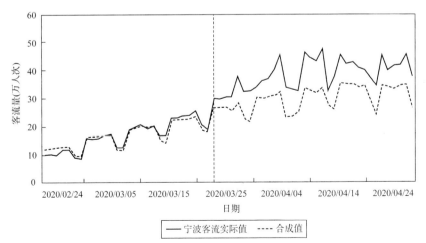

图6-5　宁波地铁客流观察值和合成值变化趋势

宁波地铁客流增长率（单位：%）　　　　　　　　表6-4

政策实施后	第一个周	第二个周	第三个周	第四个周	第五个周	总计
工作日	13.9	20.4	27.7	14.7	12.8	17.9
周末	66.1	27.2	35.4	37.4	27.3	40.0
工作日+周末	28.8	22.3	29.9	21.2	15.2	23.7

如表6-2所示，选取了三个城市来构建合成厦门，其中东莞的权重最大，其次是青岛和长沙。图6-6显示，合成厦门较好地再现了2020年4月11日之前厦门地铁日客流的变化趋势，从而表明合成厦门合理地近似反映了厦门在没有"休息日免费乘车"政策时的地铁客流情况。在"休息日免费乘车"政策实施后的5个休息日内，即2020年4月11日、2020年4月12日、2020年4月18日、2020年4月19日和2020年4月25日，地铁客流与反事实情况相比分别增加了约94%、172%、135%、152%和92%。从图6-6和表6-3提供的政策实施之后的t检验中可以看出，休息日免费乘车政策显著提高了周末地铁的日客流量。

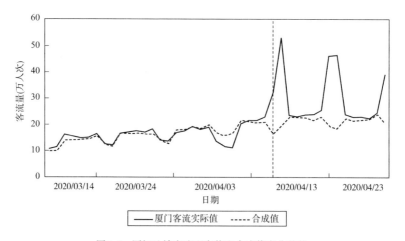

图6-6　厦门地铁客流观察值和合成值变化趋势

6.5　鲁棒性检验

通过前述三个城市的研究发现，公共交通免费政策增加了宁波和厦门的地铁日客流量。但尚不清楚这一因果关系是否具有统计学意义，地铁客流的增加是疫情恢复阶段正常的客流回升还是免费政策刺激了客流的增加仍有待论证。为了检验结果的有效性和稳健性，参考相关工作[28]，进行了对照测试。对照测试的基本思想是对纳入对比案例库中的城市进行同样的分析。也就是说，将公共交通免费政策应用于案例库中的每个城市，并使用单因素模型估算政策实施的效果。为了将对象城市的差距与对照试验得出的差距进行比较，需要计算"政策实施后RMSPE"与"政策实施前RMSPE"之间的比例。如果对象城市的这一比例异常高于对照城市，则客流增长的效果很可能归因于公共交通免费政策。图6-7显示了各比例的分布情况。宁波的比例是对照测试中最大的，而厦门的比例在对照测试中明显突出，这表明免费政策对地铁客流量的影响是可靠的。

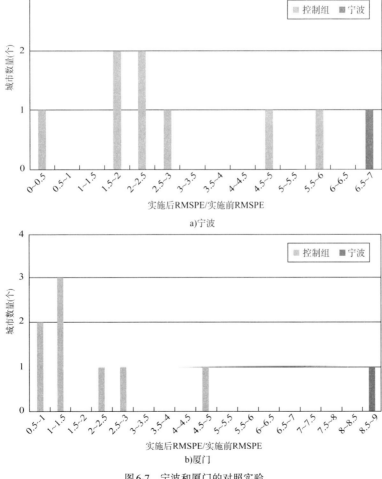

图6-7 宁波和厦门的对照实验

6.6 讨论和启示

所研究的三个城市实行公共交通免费政策的目的是在疫情导致的限行放松后将个人机动化出行转为公共交通出行。研究结果表明，宁波的多乘多惠和非高峰免费政策在第一个月内使地铁乘客量增加了约24%，厦门的休息日免费政策在5个休息日内使地铁乘客量增加至2.3倍。在大多数城市，因为公交免费而增加的乘客中，大部分是那些原本步行、骑自行车或根本不出行的个体[33]。除了这些出行者之外，地铁免费政策还吸引了原本会使用其他公共交通工具（如公交车）的乘客，因为这项政策只适用于地铁的使用。有证据表明，公共交通免费对购物动机的影响是显著的[34]。鉴于非必要出行和休闲出行一般发生在工作日的非高峰时段、周末和节假日等，因此非高峰期免费和节假日免费政策很可能会刺激这些类型的出行更多地使用地铁。

尽管针对城市地铁日客流量变化的研究证实了多乘多惠、非高峰时段免费和休息日免费等政策作为后疫情时代提高公共交通使用率的有效性，但仍值得进一步研究临时的公共交通免费政策对帮助地铁客流量回升至历史水平的影响。为此，设计地铁客流强度（Intensity of Subway Ridership，ISR）指标来反映城市地铁网络的拥堵状况，并消除地铁新线运营的影响。ISR是城市地铁日乘客量与地铁运营里程的比值。与疫情解封阶段的日期相对应的历史日期是2019年疫情之前的对应日期。具体来说，首先要匹配节假日（如五一劳动节等），然后根据每个节假日前后的天数和星期几来匹配工作日和周末。

图6-8分别显示了宁波和厦门公共交通免费政策实施初期的ISR变化趋势，垂直虚线代表政策实施末期。由于宁波在2020年5月30日开通了新的地铁线路，图6-8a）显示了2020年3月23日至2020年5月29日的政策实施之后的日期与2019年3月25日至2019年5月31日的相应历史日的ISR比较。可以看出，在多乘多惠和非高峰时段免费政策实施前后，后疫情时代的ISR并没有恢复到历史同期的水平。

就厦门而言，图6-8b）显示了疫情后阶段（2020年4月11日至2020年9月30日）周末与历史同期（2019年4月13日至2019年9月30日）的ISR比较。在实施休息日免费政策期间，疫情之后阶段的周末ISR回升至历史同期水平，有时甚至超过历史同期水平。然而，免费政策取消后，周末的ISR仍低于历史同期水平。

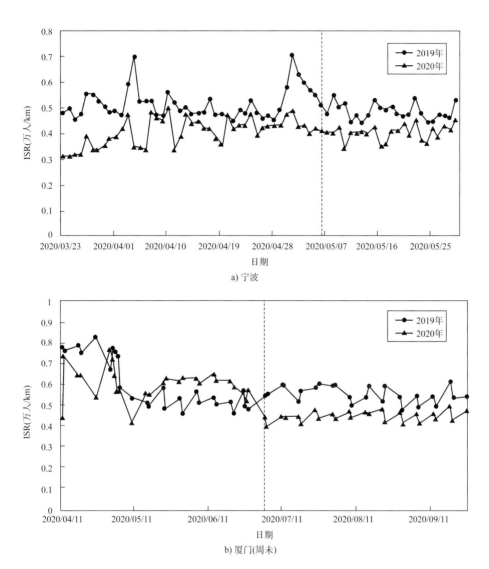

图6-8 疫情后阶段与去年同期的ISR对比

从政策的角度看,为了不浪费资金,在公共交通临时免费政策结束后,应该多管齐下。例如,在利用汽车消费对冲疫情对经济的影响时,控制汽车使用总量是减少汽车使用的另一种方法。从心理学角度来看,重塑公共交通出行者的信心、形成对地铁的积极态度被认为是改变出行行为的关键因素[24]。

杭州的实例显示，高峰期免费政策的实施对地铁乘客量没有明显影响。常规和日常出行（如通勤出行）一般都在高峰时段进行。已有研究报告指出了"打破常规出行"的难度[9,26]。一般而言，个人有重复过去决定的强烈倾向[34]。也就是说，一个人一旦找到合适的通勤方式，就不太可能重新考虑每天如何上班。此外，值得注意的是，杭州的公共交通免费政策只持续了14天。从短期角度来看，公共交通免费政策对交通方式选择的影响较弱，而随着时间的推移，其影响力的发挥可能会越来越大[24]。因此，建议公共交通免票政策应实施相对较长的时间，以观察其长期效果能否改变乘客在高峰时段的出行行为。当然，也有研究发现票价降低的短期效果明显，而长期效果则不明显[23]。

不同的公共交通免费政策在三个城市的不同效果表明，这些政策是否会导致公共交通乘客量的大幅增加主要取决于具体的政策实施情况。首先，用经济手段吸引人们在高峰时段使用公共交通的做法值得商榷，高峰期的公共交通压力本身较大，而在疫情之后，防疫期间习惯的社交距离行为可能会被打破，从而使人们产生不适感和危险感。其次，鼓励人们在非高峰时段出行可能会实现双赢，例如新加坡实施的早高峰前免费或低票价。一方面，它有助于调整人们的活动计划和出行行为；另一方面，它通过增加其他部门对商品和服务的需求，减轻了经济损失，避免了社会孤立。

类似的结果在其他的研究中也可以看到，例如在智利圣地亚哥的免费公交对比实验表明[35]，公共交通免票对非高峰出行产生了明显的影响。在为期两周的对比实验期间，公共交通免票使每人非高峰出行的总次数平均增加了3次，与非免费的对照组相比增加了23%。而免费的通票并未改变高峰期的出行次数。由此得出的结论是，免票公共交通的主要影响是产生新的出行人次，而不是替代其他交通方式或时段的出行人次。而产生新出行人次背后的机制是活动模式的改变，这种改变导致更多的休闲出行等。免票公共交通降低了休闲活动等的货币成本，从而导致这些类型的出行增加。

当然，公共交通免费政策的回弹效应需要考虑。当公众响应公共交通免费政策的号召时，地铁乘客的大量增加可能会导致支出负担加重。由于使用短期数据估算多乘多惠政策的成本比较困难，而非高峰时段免费政策适用于特定的服务时间，因此在此仅给出厦门市的粗略财务估算。假设厦门的人均地铁票价为3元，这表明平均地铁出行距离在4~8km之间。因此，厦门为节假日免费政策花费了约3400万元。这笔支出约占厦门市交通运输主管部门2020年公共交通运营补贴预算（约为1.34亿元，厦门市交通运输局，2020年[36]）的25%。事实上，厦门和宁波的人均生产总值分别为13.2万元和11.8万元，约为中国人均生产总值的两倍。即使是这样相对发达的城市，公共交通免费政策也在开始实施三个月后就取消了（宁波在2023年上半年又实施过每日20:00之后和节假日地铁免费的政策）。因此，如果一个城市计划实施公共交通免费政策，就需要确保有充裕而稳定的资金流来支持改革。潜在的资金流可能来自地方政府、商品和服务的诱导消费以及其他国债类资金。

此外，从前述城市的数据来看，免费政策实施后，地铁客流有可能恢复或超过历史同期水平（在整个城市地铁总里程不变的情况下）。因此，如果因为免费政策导致地铁载运量供不应求，就会出现服务质量下降的现象。一方面，这对依赖公共交通出行的市民不公平；另一方面，如果服务质量得不到保证，那么当免费政策结束时，很可能导致地铁客流量的急剧下降。因此，当采取免费等政策导致客流量增加时，需要采取相应的辅助措施来提高公共交通的效率和安全性，例如控制最高载客量、增加班次、交替停靠等综合措施，从而有助于确保公共交通的服务水平。

公共交通免费政策可能只是暂时的刺激措施，因为此类政策将给当地政府和公共交通运营商带来沉重的负担。由于新冠疫情使得人们更倾向于步行和骑自行车出行[37-38]，因此将步行、自行车交通与地铁相结合有望在提高可达性和解决公共交通的"最后一公里"问题方面发挥重要作用。因此，在地铁站附近建设小微型的交通枢纽、调整共享单车的时空分布、规划人行道和自行车道可作为辅助措施，有助于提高公共交通的吸引力，以适应城市发展的需求。

6.7 本章小结

本章基于三个城市在2020年疫情暴发之后恢复期内实施的不同公共交通免费政策，探讨了三种不同类型的公共交通免费政策对城市地铁日客流量的影响。结果表明，在地铁客流增长率方面，宁波的多乘多惠和非高峰时段免费政策以及厦门的节假日免费政策都达到了在相对应时段增加地铁客流量的预期。多乘多惠和非高峰时段免费政策使宁波的地铁客流量在第一个月增加了约24%，节假日免费政策使厦门的地铁客流量在周末增加至2.3倍。然而，杭州的高峰期免费政策对增加地铁客流量的影响甚微，其原因可能是免费政策对非习惯性出行和休闲出行（非高峰及周末的主要出行目的）的影响可能比对通勤出行（高峰期的主要出行目的）的影响更大。

当前，城市的快速发展使人们的居住地离市中心越来越远，居住、工作地的分离度越来越高，城市居民对私人小汽车的依赖性也越来越强，而城市居民只有在汽车维护或使用成本明显增加的情况下，才更有可能用公共交通取代其私人小汽车的出行。如果只有公共交通的成本降低，实现从小汽车到公共交通的方式转移的可能性是很低的。例如智利圣地亚哥的免费公交实验表明[35]，使用免费公共交通系统对汽车出行没有影响，在为期两周的对照实验中，没有发现公交免费政策对汽车总出行量、高峰期汽车出行量、上班或回家的汽车出行量带来明显影响，也没有任何证据表明公共交通免费减少了负外部性或增加了高峰期公共交通的拥挤程度。

本章针对三个城市的研究为探讨不同的公共交通免费政策在多大程度上提高乘客数量提供了参考，同时结果表明个人对不同类型的公共交通免费政策会有不同的反应，有助于未来有兴趣通过调整公共交通票价促进公交客运量提升的城市进行决策参考。

由于数据等方面的限制，本章的结论仍存在一些值得注意的局限性。首先，对比案例库中的对照城市数量有限，可能会降低结果的稳健性。其次，本研究没有将公共交通免费政策的生成效应和替代效应分开。因此，应进一步努力调查机动化出行、慢行交通和公共交通之间的关系。最后，受制于数据有限性，只是采用了前后对比的方法来观察第一波疫情之后阶段与2019年相应历史日之间的ISR变化。今后的研究应考虑采用一种客观的、有理论基础的方法，从长远角度评估公共交通免费的效果。

当然，这三个城市实施的政策都是疫情波动期试探性的干预措施，这些政策能否在疫情过后真正重振公共交通还是一个未知数。有关疫情之后应对公交客流下降的问题，各个国家和城市还在不断地探索各种新的对策和措施，例如调整票价结构、改变运行模式（发展预约服务）等，尤其是对于地面公交系统，已经到了一个极其严峻的时期,疫情对城市公共交通的影响还在持续中……

本章参考文献

[1] SOMMER L. Why China's Air Has Been Cleaner During The Coronavirus Outbreak[EB/OL].(2020-3-4)[2022-12-1]. https://www.scpr.org/news/2020/03/04/

91043/why-china-s-air-has-been-cleaner-during-the-corona/.

［2］WELLE B, AVELLEDA S. Safer, More Sustainable Transport in a Post-COVID-19 World［EB/OL］.（2020-4-23）［2022-12-1］. https://www.wri.org/blog/2020/04/coronavirus-public-transport-stimulus-packages.

［3］百度地图. 2020年度中国城市交通年报［R/OL］.（2021-1-22）［2022-12-1］. https://huiyan.baidu.com/reports/landing?id=84.

［4］VENKATRAMAN T. Public transport usage to see decline after Covid-19 outbreak ends: Study［EB/OL］.（2020-6-2）［2022-12-1］. https://www.hindustantimes.com/mumbai-news/public-transport-usage-to-see-decline-after-covid-19-outbreak-ends-study/story-OkwrdWvCfX809fKi6fD6aM.html.

［5］CTA. Returning to Normal: Transit's Critical Role in Recovery［R］. Chicago: Chicago Transit Authority, 2022.

［6］GOEVERDEN K, RIETVELD P, KOELEMEIJER J, et al. Subsidies in public transport［J］. European Transport \ Trasporti Europei, 2006, 32: 5-25.

［7］BRAND R. Co-evolution of Technical and Social Change in Action: Hasselt's Approach to Urban Mobility［J］. Built Environment, 2008, 34(2): 182-99.

［8］KĘBŁOWSKI W. Fare-free public transport in France: A 'New May 1968' in Aubagne?［M］//DELLHEIM J, PRINCE J. Free Public Transport And Why We Don't Pay To Ride Elevators. Canada：Black Rose Books, 2018: 102-109.

［9］THøGERSEN J, MøLLER B. Breaking car use habits: The effectiveness of a free one-month travelcard［J］. Transportation, 2008, 35(3): 329-345.

［10］VIGREN A, PYDDOKE R. The impact on bus ridership of passenger incentive contracts in public transport［J］. Transportation Research Part A: Policy and Practice, 2020, 135: 144-159.

［11］CHEN R, ZHOU J. Fare adjustment's impacts on travel patterns and farebox revenue: An empirical study based on longitudinal smartcard data［J］. Transportation Research Part A: Policy and Practice, 2022, 164: 111-133.

［12］WALLIMANN H, BLäTTLER K, VON ARX W. Do price reductions attract customers in urban public transport? A synthetic control approach［J］. Transportation Research Part A: Policy and Practice, 2023, 173: 103700.

［13］HESS D B. Decrypting fare-free public transport in Tallinn, Estonia［J］. Case

Studies on Transport Policy, 2017, 5(4): 690-698.

[14] FUJII S, KITAMURA R. What does a one-month free bus ticket do to habitual drivers? An experimental analysis of habit and attitude change[J]. Transportation, 2003, 30(1): 81-95.

[15] BAMBERG S, RöLLE D, WEBER C. Does habitual car use not lead to more resistance to change of travel mode?[J]. Transportation, 2003, 30(1): 97-108.

[16] CERVERO R. Transit pricing research[J].Transportation, 1990, 17(2):117-139.

[17] HODGE D C, ORRELL III J D, STRAUSS T R. Fare-free Policy: Costs, Impacts on Transit Service and Attainment of Transit System Goals[R]. Washington: Washington State Transportation Center(TRAC), 1994.

[18] CATS O, SUSILO Y O, REIMAL T. The prospects of fare-free public transport: evidence from Tallinn[J]. Transportation, 2017, 44(5): 1083-1084.

[19] CATS O, REIMAL T, SUSILO Y. Public Transport Pricing Policy: Empirical Evidence from a Fare-Free Scheme in Tallinn, Estonia[J]. Transportation Research Record, 2014, 2415(1): 89-96.

[20] PRAUSE G, TUISK T. Chapter 8—Case study: Free public transport as instrument for energy savings and urban sustainable development—the case of the city of Tallinn[M]//TVARONAVIČIENĖ M, ŚLUSARCZYK B. Energy Transformation Towards Sustainability. Amsterdam: Elsevier, 2020: 163-177.

[21] DE WITTE A, MACHARIS C, LANNOY P, et al. The impact of "free" public transport: The case of Brussels[J]. Transportation Research Part A: Policy and Practice, 2006, 40(8): 671-689.

[22] PERONE J. Advantages and Disadvantages of Fare-Free Transit Policy[R]: Washington: National Center for Transit Research, 2002.

[23] ZHANG S, JIA S, MA C, et al. Impacts of public transportation fare reduction policy on urban public transport sharing rate based on big data analysis[C]. Fukuoka: Proceedings of the 2018 IEEE 3rd International Conference on Cloud Computing and Big Data Analysis(ICCCBDA),2018.

[24] FRIMAN M, MAIER R, OLSSON L E. Applying a motivational stage-based approach in order to study a temporary free public transport intervention[J]. Transport Policy, 2019, 81: 173-183.

[25] THøGERSEN J. Promoting public transport as a subscription service: Effects of a free month travel card[J]. Transport Policy, 2009, 16(6): 335-343.

[26] ABOU-ZEID M, BEN-AKIVA M. Travel mode switching: Comparison of findings from two public transportation experiments[J]. Transport Policy, 2012, 24: 48-59.

[27] BEALE J R, BONSALL P W. Marketing in the bus industry: A psychological interpretation of some attitudinal and behavioural outcomes[J]. Transportation Research Part F: Traffic Psychology and Behaviour, 2007, 10(4): 271-287.

[28] ABADIE A, DIAMOND A, HAINMUELLER J. Synthetic Control Methods for Comparative Case Studies: Estimating the Effect of California's Tobacco Control Program[J]. Journal of the American Statistical Association, 2010, 105(490): 493-505.

[29] ABADIE A, DIAMOND A, HAINMUELLER J. Comparative Politics and the Synthetic Control Method[J]. American Journal of Political Science, 2015, 59(2): 495-510.

[30] BOUTTELL J, CRAIG P, LEWSEY J, et al. Synthetic control methodology as a tool for evaluating population-level health interventions[J]. Journal of Epidemiology & Community Health, 2018, 72(8): 673-678.

[31] OLPER A, CURZI D, SWINNEN J. Trade liberalization and child mortality: A Synthetic Control Method[J]. World Development, 2018, 110: 394-410.

[32] GIUS M. Using the synthetic control method to determine the effects of concealed carry laws on state-level murder rates[J]. International Review of Law and Economics, 2019, 57: 1-11.

[33] FEARNLEY N. Free Fares Policies: Impact on Public Transport Mode Share and Other Transport Policy Goals[J]. International Journal of Transportation, 2013, 1(1): 75-90.

[34] COOLS M, FABBRO Y, BELLEMANS T. Free public transport: A socio-cognitive analysis[J]. Transportation Research Part A: Policy and Practice, 2016, 86: 96-107.

[35] BULL O, MUñOZ J C, SILVA H E. The impact of fare-free public transport on travel behavior: Evidence from a randomized controlled trial[J]. Regional Science and Urban Economics, 2021, 86: 103616.

[36] XIAMEN TRANSPORT BUREAU. Budget statement of Xiamen Transport Bureau in 2020[Z]//BUREAU X T. Xiamen Transport Bureau, 2020.

[37] DE VOS J. The effect of COVID-19 and subsequent social distancing on travel behavior [J]. Transportation Research Interdisciplinary Perspectives, 2020, 5: 100121.

[38] TEIXEIRA J F, LOPES M. The link between bike sharing and subway use during the COVID-19 pandemic: The case-study of New York's Citi Bike[J]. Transportation Research Interdisciplinary Perspectives, 2020, 6: 100166.

第7章

车辆限行政策对城市交通系统的影响

——以郑州市为例

注：本章内容最初发表情况　Shichao Lin, Songwei Zhu, Xiangmin Li, Ruimin Li*. Effects of strict vehicle restrictions on various travel modes: A case study of Zhengzhou, China. Transportation Research Part A: Policy and Practice, 2022, 164: 310-323.。

前面章节探讨了车辆限行政策对于城市道路机动车运行状况的影响。但是在现实中，车辆限行政策作为应对因机动车数量急剧增长而引发的交通问题的即时有效措施，除缓解交通拥堵[1]和空气污染[2-3]等问题之外，亦会影响到出行者对各种出行方式的选择[4-6]，例如在促进公共交通出行的发展方面具有一定的潜在作用。虽然有大量学者针对车辆限行政策开展研究，然而关于严格的限行政策对公共交通、私人小汽车以及其他出行方式的整体影响的实证研究仍然有限。

过去的近十年间，我国的许多大城市已将"五日制"限行政策作为日常交通管理措施，而在严重的空气污染或大型活动等特殊情况下，会实施更严格的"单双号"限行政策作为应急措施。例如，郑州市于2018年1月起开始实施长期的"五日制"限行，并在每年的冬季空气污染特别严重时，暂时执行更为严格的"单双号"限行。

本章探讨了相对更严格的"单双号"限行政策相较于常规的"五日制"限行政策的实施效果，研究考虑了两个方面的居民出行特征：①各种出行方式的交通需求，如地铁、公交客运量，路网总出行量，网约车订单需求；②交通状况，包括用于评估拥堵状况的路网平均速度和拥堵指数。除了描述性统计分析外，本研究采用了多种统计分析方法，包括断点回归（Regression Discontinuity，RD）以及多元线性回归（Multiple Linear Regression，MLR）等。利用来自不同年份的有无政策实施的数据样本，构建适当的反事实对照组[7]，验证了严格的车辆限行政策的实际效果。本研究有助于全面揭示郑州市严格的车辆限行政策的实际综合影响，并为其他城市的政策决策提供参考。

7.1 概　　述

车辆限行政策有助于调整出行需求并促进公共交通出行。随着全球范围内对车辆限行政策实施的加强，许多研究探讨了这些政策对各种出行方式的实际影响。然而，这些研究结果仍然存在广泛差异[8-9]。

关于出行需求的影响方面，已有研究表明车辆限行政策可能会影响居民出行的原本决策。一些研究证实，车辆限行政策可以减少交通量[1,10-12]，而另一些研究表明，车辆限行政策可以减少私人小汽车的使用，鼓励使用公共交通出行。例如，通过对郑州市居民通勤进行问卷调查[13]，发现大多数受访者在严格的车辆限行实施后开始转向公共交通出行，例如公交和地铁。此外，研究发现"五日制"限行的实施增大了自行车出行频率，而单双号限行的实施则增加了网约车使用频率。车辆限行政策还改善了多个城市的公共交通分担率，使其客运量增幅在5%~25%之间[5-6]，例如，车辆限行促进了墨西哥高峰时段共享单车的使用[4]。一些研究表明，严格的限行政策对其他非私人出行方式存在积极影响[14-15]，这与其鼓励公共交通和绿色出行的目标一致。然而，一些研究则得到了相反的结论。例如，有学者[3]利用RD设计评估了车辆限行政策对各种出行方式的短期影响，发现没有证据证明公共交通客运量增加。此外，另有研究[16]发现车辆限行政策导致大量受限行影响的私人小汽车出行不会转向公共交通，而是选择同样属于私人出行方式的网约车出行。相同的车辆限行政策在不同规模和发展条件的城市中也可能对各种出行方式产生不同的影响。

已有研究还探讨了车辆限行政策实施后私人出行行为的变化。出行者可以通过改变其出行习惯来回避这些政策的影响，从而继续保持私人出行方式[17-18]。一种常见的应对方案是持有或购买第二辆车[19]。有学者[20]发现，一些出行者会将他们原本的出行时间调整到非限行时段。而其他研究[14-21]则认为，这种出行时间的调整会分散原本集中于通勤高峰的出行，使得高峰时期的持续时间延长，有利于缓解交通拥堵。考虑到车辆限行政策增加了原本出行方式的出行成本，一些出行者还会选择低成本的替代方案[8]。一些研究还证实了严格的车辆限行政策会增加私人出行频率[6,11]。在一些地区，私人出行者还会绕道出行以规避限行措施[10]。此外，在严格的车辆限行政策实施期间，违法出行的情况会变得更加频繁，尤其是在高峰时段[22-23]。这些因素反过来会抵消政策对减少交通量的影响，甚至加剧交通拥堵。综合来看，现有研究表明，车辆限行政策对出行需求的影响在不同城市存在显著差异。

严格的限行政策对出行决策产生的影响在短期内可能更加显著，但从长期来看，它并不一定是合适的交通需求管理策略[6,24-25]。已有研究主要集中在"五日制"限行或"单双号"限行的具体影响上，而只有少数研究关注了它们之间的比较分析[11]。然而，越来越多的我国城市已经开始将"五日制"限行作为常规限行政策，而在特殊情况下采取更严格的"单双号"限行政策。因此，交通管理者和交通参与者都有必要了解这些政策的实际影响。

7.2 研究数据

7.2.1 郑州市限行政策

郑州是河南省的省会，是一个全域常住人口超过1260万的超大城市，其中城市居民为988万[26]。郑州因其在政治、地理位置和经济等方面的优势，被认为是关中平原城市群的核心城市。高度发达的城市化率（78.4%）和机动化水平（汽车保有量490万）❶导致私人交通出行的快速增长，加剧了交通拥堵和环境污染等问题。与此同时，郑州的能源消耗结构以石化为主，煤炭占60%以上[27]，这导致了寒冷季节更为严重的空气污染。为改善空气质量和缓解交通拥堵，郑州于2017年12月4日实施了"单双号"限行政策，并于2018年1月1日开始实施长期的"五日制"限行政策。其间，郑州分别在2018年、2019年和2020年的冬季期间重新实施短暂的"单双号"限行政策，其目的是改善空气质量，随后在其他时段❷回到"五日制"限行政策。本研究关注2019年和2020年的相同时段（11月和12月）分别实施的"五日制"限行与"单双号"限行政策的效果差异。在上述实施限行政策的研究期间，郑州市尚没有实施与新冠疫情有关的出行管控措施。在本书所关注的两年间，郑州市的宏观经济发展稳定。2020年，郑州市生产总值达到11850亿元，较上一年增长3.56%；私人小汽车总数为233万辆，较上一年增长6.0%[28]。尽管在研究时段内人均汽车保有量呈现增长趋势，但研究区域内的建成区域面积和人口没有发生显著变化。

表7-1列出了研究时段内郑州实施的车辆限行政策。"五日制"和"单双号"限行政策的实施区域均覆盖了郑州市主城区。在实施"五日制"限行期间，私人小汽车根据车牌尾号划分为5组，即(1,6)、(2,7)、(3,8)、(4,9)和(5,0)，每组车辆在特定工作日的7:00—21:00禁止在限行区域内行驶。在实施"单双号"限行期间，私人小汽车根据车牌尾号，在奇数或偶数日的7:00—21:00期间禁止在限行区域内行驶。"五日制"限行仅适用于工作日，而"单双号"限行则在实

---

❶ 截至2021年6月，郑州拥有机动车490万，其中新能源汽车占比2.47%。2021年上半年，郑州新注册汽车约20.5万辆，其中11.9%为新能源汽车。来源：https://www.sohu.com/a/476240258_121119368。

❷ 除2020年2—3月外，郑州市解除了车辆限行。该措施截至2021年8月。

施期间的每天都限制了近一半的私人出行。在新政策实施前,通常会提前两天左右通知公众关于政策变更的信息。这两种限行政策适用于所有私人出行者,包括政府官员和网约车用户。公交车、出租汽车、环卫车、工程救援车辆、警车、救护车以及新能源车辆(包括私人小汽车和网约车)均不受这两种政策的限制。根据相关资料初步计算可知,这些非限制车辆的总量在每天郑州市的路网总出行量中占比约为5.1%[29]。

研究时段内郑州市车辆限行政策　　　　　表7-1

开始时间	结束时间	政策	限行时段
2019年11月1日	2019年12月26日	"五日制"	工作日7:00—21:00
2019年12月27日	2019年12月31日	"单双号"	每天7:00—21:00
2020年11月1日	2020年12月3日	"五日制"	工作日7:00—21:00
2020年12月4日	2020年12月25日	"单双号"	每天7:00—21:00

两项车辆限行政策适用相同的处罚规定。具体而言,根据相关法律规定,违法者将被处以100元罚款、机动车驾驶证记3分的处罚。每辆机动车的上述处罚在每个固定的监视周期(通常为4h的时间窗口)只生效一次。限行政策的执行依赖于电子警察以及交警执法,其中电子警察覆盖了郑州市区几乎所有的快速路和主干路、重要道路路段和主要交叉口。实际上,在这两项限行政策下,只有约5%的违法车辆会实际受到处罚。因此,仍然有部分出行者会选择违法出行。

为促进限行政策的实施,郑州还提高了对公共交通出行的财政补贴。研究期间,郑州市的公交车平均费用仅为每人每次0.61元[29]。在高峰时段,郑州市公交车辆与社会车辆的平均行程速度比达到0.64,为我国所有大城市中最高[30]。此外,郑州市地铁网络近年来逐渐完善,因而在限行期间,公共交通出行相对私人小汽车具有一定的竞争力。因此,更为严格的"单双号"限行政策的实施将可能促使相当一部分的居民出行方式发生变化,有助于改善出行方式结构,缓解城市交通拥堵等问题。本章旨在量化政策变化所产生的影响。

7.2.2　数据

本章收集了2019年11月至2019年12月以及2020年11月至2020年12月郑州

市各种出行方式的数据，如表7-2所示。由于"单双号"限行政策仅在2019年12月27日至2019年12月31日有短暂实施，因而在本研究中删除了这5天的数据。因此，在本书研究时段内，可以假设"五日制"限行在2019年11至2019年12月近乎全程有效，而在2020年，"五日制"和"单双号"限行政策分别在11月和12月期间相继实施。

多源交通数据描述　　　　　　　　　　　表7-2

数据类型	收集时间	主要内容
路网交通状况	2019年, 2020年	限行区域内5min路网平均速度和拥堵指数
路网车辆数	2020年	每日在限行区域内行驶的总车辆数
地铁客运量	2019年, 2020年	全市所有地铁线路的日客运量
公交客运量	2019年, 2020年	限行区域内所有公交线路的日客运量
网约车订单量	2020年	全市每日网约车订单的发单量和成单量

7.2.2.1　路网交通状况数据

交通状况包括郑州市限行区域内道路网的平均速度和平均拥堵指数❶。这些交通状况数据从通过浮动车采集的轨迹数据中获取，反映了限行区域内的拥堵情况，覆盖了2019年11月1日至2019年12月26日以及2020年11月1日至2020年12月25日共计111天的数据。路网交通状况信息每5min更新并记录一次。在研究时段内总共收集到了31728条完整的数据记录，由于系统故障等产生的数据丢失率为0.75%。对于这些缺失数据，采用线性插值法进行了补充。

7.2.2.2　路网车辆数

路网车辆数信息是指每日行驶在限行区域内的不重复的车牌总数，覆盖了2020年11月1日至2020年12月25日共计55天的数据。通过安装在关键交叉口的违法抓拍等设备记录了道路上行驶的车辆，并基于这些信息获取了在限行时段（7:00—21:00）内行驶的车辆的车牌号码，从而得到一天内不重复的车牌总数。由于涉及数据敏感性，本章对原始数据进行了标准化处理。值得注意的是，上述路网车辆数指标不同于交通量，前者每天在限行区域内观察到的车牌号只记录

---

❶ 数据来源于百度地图智能交通平台（https://jiaotong.baidu.com/）。路段的拥堵指数定义为其平均行程时间与自由流行程时间的比值，路网平均拥堵指数为限行区域内所有路段的拥堵指数的加权平均值。拥堵指数越大，表示路网越拥堵。

一次，而后者在每次检测到车辆时均会计入。本章中主要使用路网车辆数指标来评估私人小汽车的使用情况。

7.2.2.3 地铁客运量

地铁客运量数据包括郑州市所有开通运行的地铁线路的每日客流量，覆盖了2019年11月1日至2019年12月26日以及2020年11月1日至2020年12月25日共计111天的数据。2019年间的数据包括郑州地铁1号线、5号线、10号线（一期），全长143.3km；2020年的数据则包括郑州地铁1号线、2号线、5号线、10号线（一期），全长153.5km。上述数据没有涵盖于2020年12月26日开通的郑州地铁3号线（一期）和4号线的客运量数据。

7.2.2.4 公交客运量

公交客运量数据包括郑州市限行区域内各种地面公交线路的每日客流量信息，覆盖了2019年11月1日至2019年12月26日以及2020年11月1日至2020年12月25日共计111天的数据。虽然公交线路和运营策略可能存在日常调整，但是在研究时段内总体变化不大。由于公交客运量数据存在长期趋势，通过将其纳入分析模型可以考虑由于公交运营策略的调整引起的系统误差，这将在后续部分进行讨论。

7.2.2.5 网约车订单量

网约车订单数据包括郑州网约车平台上每日的发单量和成单量，覆盖了2020年11月1日至2020年12月25日共计55天的数据。发单量是指当日用户在网约车平台下单的总数量，成单量是指实际完成的订单总量。由于用户取消、重复下单以及无响应等情况，发单量一般大于成单量。本章采用的数据是原始数据基于固定比例的标准化结果（均以2020年11月1日的数量为100）。在后续分析中，主要使用成单量指标来表示网约车服务的实际需求。

7.2.3 周期性分析

各种出行方式（私人小汽车、公共交通和网约车）的出行需求通常显示出周期性变化趋势。此外，一些出行方式还可能受到特殊天气的影响，例如降雨[31-32]。因此，除了主要用于分析的上述数据外，本章还收集了研究时段内的气象数据❶。本节旨在探究量化周期性和天气对上述数据的影响。如下式所示，通过引入每天的所属研究时期分组（period）、星期变量（weekday）以及是否发生连续降水的气象特征（weather）作为虚拟变量，建立回归模型：

$$y_t=\beta_0+\beta_t \cdot period_t+\gamma_t \cdot weekday_t+\alpha_t \cdot weather_t+\varepsilon_t \quad (7-1)$$

式中，β_t、γ_t、α_t 分别表示不同研究时期分组、星期数以及气象特征的影响系数；ε_t 为干扰项。

研究时期划分如表7-3所示。多元线性回归的结果如表7-4所示。其中，以2020年11月（第3组）、周一以及无降水条件作为基准值。在协变量中，地铁客运量（lg-subway）和公交客运量（lg-bus）采用对数值，其系数表示弹性。路网车辆数（vehicle）和网约车（ride-hailing）则采用原始值。

研究时期划分以及政策实施情况　　表7-3

分组	研究时期	开始时间	结束时间	限行政策
1	2019年11月	2019年11月1日	2019年11月30日	"五日制"
2	2019年12月	2019年12月1日	2019年12月26日	"五日制"
3	2020年11月	2020年11月1日	2020年12月3日	"五日制"
4	2020年12月	2020年12月4日	2020年12月25日	"单双号"

路网车辆数和多种交通方式的周期性分析　　表7-4

协变量	说明	lg-subway	lg-bus	ride-hailing	vehicle
period（1）	2019年11月	0.076***	0.399***	—	—
period（2）	2019年12月	0.080***	0.411***	—	—
period（3）	2020年11月	基准值			
period（4）	2020年12月	0.086***	0.166***	18.150***	-12.074***
weekday（1）	周一	基准值			
weekday（2）	周二	-0.039**	0.023	0.775	-4.805
weekday（3）	周三	-0.041**	0.034**	0.714	1.555
weekday（4）	周四	-0.040**	0.014	-0.440	7.055
weekday（5）	周五	0.144***	0.034**	15.544***	11.814

---

❶ 通过百度地图合作伙伴和KuWeather平台（http://kuweather.com/）收集。数据包括郑州市每小时的天气情况，如晴天、降雨和降雪等。在整个研究时段内，发生在限行时间段的连续降雨（超过4h）仅在2019年12月15日、2020年11月17日和13日以及2020年12月1日出现。

续上表

协变量	说明	lg-subway	lg-bus	ride-hailing	vehicle
weekday（6）	周六	0.103***	−0.029*	26.420***	3.505
weekday（7）	周日	0.048***	−0.084***	21.751***	1.430
weather		−0.049*	−0.033	15.526***	12.439
const.		4.824***	4.969***	74.794***	141.09***
F-value		47.82	283.76	46.10	3.53
Sig.		0.000***	0.000***	0.000***	0.003**
R^2		0.8271	0.9660	0.8891	0.3806

注：***、**和*分别表示在显著性水平0.001、0.01和0.05下显著。

表7-4的回归结果显示部分被解释变量具有较强的周期性。周五、周六和周日的地铁客运量系数和网约车订单系数均显著为正，而周末的公交客运量系数为负。换句话说，郑州市居民上下班经常乘坐公交车，而周末外出休闲娱乐时倾向于乘坐地铁和网约车。路网车辆数整体上在周四和周五比一周中的其他时期要多，但由于样本量较少，这种影响并不具有统计显著性。周五、周六和周日的网约车订单量明显高于其他时期，这可能是由于郑州市晚上的休闲活动比较丰富，人们不倾向于自己开车，或者大部分年轻人不开车。网约车订单量是唯一受天气影响较大的变量，因为人们通常会在恶劣天气选择使用网约车服务。总体来说，被解释变量与虚拟变量之间的相关性非常显著，这表明如果仅考虑月际变化，回归结果不能较好地反映两种限行政策对不同出行方式的实际影响。

7.3 限行政策影响

7.3.1 多种交通方式影响

7.3.1.1 方法

基于2020年11月至2020年12月共计55天的观测数据，探讨从"五日制"限行转向更为严格的"单双号"限行对多种交通方式的影响。结合数据特点，采用断点回归（Regression Discontinuity，RD）设计来定量分析单双号限行政策的实施对地铁、公交客运量以及网约车订单的影响。首先假设在单双号限行实施前后的两个月内，其他因素对这些交通出行方式变化的影响可以忽略不计，同时

2019年同期连续两个月的观测结果表明郑州市的出行方式在连续两个月内并没有发生显著变化。此外，无论限行政策是否由"五日制"转向"单双号"，其他条件（如气候、经济以及城市规模等）在连续的两个月内也没有明显变化。因此，实施"单双号"限行政策前后各变量之间的关系可以表示为：

$$y_t = \beta_0 + \beta(x_t - c) + \delta D_t + \gamma(x_t - c) D_t + \varepsilon_t (|x_t - c| < b) \tag{7-2}$$

其中

$$D_t = \begin{cases} 1 & (x_t \geq c) \\ 0 & (x_t < c) \end{cases}$$

式中，D_t表示实施"单双号"限行期间的处理变量；$x_t = t$为每个观测样本的时间标签；c为限行政策从"五日制"转向"单双号"限行的断点日期；b为RD回归的带宽或时间范围；y_t为第t天的观测值；回归系数δ表示"单双号"限行政策的局部平均处理效应（Local Average Treatment Effect，LATE），用于衡量政策在观测期间的局部平均影响[33]。

式（7-2）假设每个解释变量（即每种出行方式的总出行量）在断点附近随时间线性变化。事实上，由7.2.3节的分析可知，这段时间内一部分交通方式的需求可能会表现出显著的周期性趋势，尤其是以周为单位。因此，在对这些解释变量进行RD设计时，进一步引入观测值的星期变量（weekday）作为协变量，采用三角核函数进行局部线性回归。针对这些变量，上式可以改写为：

$$y_t = \beta_0 + \beta(x_t - c) + \beta_i \cdot weekday_{it} + \delta D_t + \gamma(x_t - c) D_t + \gamma_i \cdot weekday_{it} D_t + \varepsilon_t (|x_t - c| < b) \tag{7-3}$$

表7-5显示了不同交通方式的RD回归结果。其中，地铁和公交客运量、路网车辆数采用式（7-3）所述的考虑周期性协变量的RD回归模型，而网约车订单采用式（7-2）进行回归。RD设计的回归带宽根据Imbens和Kalyanaraman[34]的基于均方误差（Mean Square Error，MSE）最小化的最优带宽估计方法。同时分别使用0.7和1.5倍的最优带宽进行回归以展示RD设计的稳健性。

单双号限行实施前后的不同出行方式的RD回归结果　　表7-5

预测变量	带宽	系数	标准误	Z统计量	显著性水平	Lwald估计
地铁客运量	11.6（opt.）	14.62	2.78	5.26	0.000***	28.00
	8.11（0.7×opt.）	12.10	5.87	2.06	0.039*	37.33
	17.4（1.5×opt.）	12.24	2.32	5.27	0.000***	21.64

续上表

预测变量	带宽	系数	标准误	Z统计量	显著性水平	Lwald估计
公交客运量	12.2（opt.）	20.37	2.64	7.71	0.000***	14.71
	8.54（0.7×opt.）	19.53	2.93	6.66	0.000***	9.89
	18.3（1.5×opt.）	19.01	2.08	9.12	0.000***	14.70
路网车辆数	10.9（opt.）	−15.12	4.37	−3.46	0.001***	−11.75
	7.65（0.7×opt.）	−17.92	4.83	−3.71	0.000***	−8.90
	16.4（1.5×opt.）	−15.27	3.84	−3.98	0.000***	−13.00
网约车订单量	11.6（opt.）	23.82	7.85	3.04	0.002**	23.82
	8.11（0.7×opt.）	38.20	7.13	5.36	0.000***	38.20
	17.4（1.5×opt.）	19.70	7.69	2.56	0.010**	19.70

注：***、**和*分别表示在显著性水平0.001、0.01和0.05下显著；opt.为最优带宽。

7.3.1.2 公共交通方式

对于公共交通出行方式，RD回归结果表明，地铁和公交客运量的LATE估计值分别为14.62（标准误为2.78）和20.37（标准误为2.64）。与政策转变前的月份（2020年11月）相比，地铁和公交客运量分别增加了11.5%和14.2%。稳健性分析结果表明，带宽选择对地铁和公交客运量的LATE估计存在影响，但估计结果对带宽选择的依赖性不强。也就是说，"单双号"限行的实施对公共交通出行方式客运量的增加存在明显影响。如图7-1a)、c)所示，在限行政策由"五日制"转向"单双号"后的初始几天内，地铁和公交客运量出现了显著上升。2020年12月的地铁客运量整体高于2020年11月。地铁客运量在实施"单双号"限行政策后的初始几天内迅速增加，随后逐渐下降到平稳水平，最后在研究时段的最后一天（圣诞节，周五）反弹到最高峰。与此同时，公交客运量在政策转变后呈现出明显的增长，并在随后的一个月内继续保持增长趋势。这一发现表明，"单双号"限行可能刺激了一些非必要的出行需求（如娱乐活动）从其他交通方式转向地铁，但是这一转变可能是短暂的，并且可能会进一步转向其他更方便的出行方式（如出租汽车或网约车）。相比之下，作为一种更加面向通勤的常见出行方式，公交车在政策转变后吸引了更多的必要出行需求。

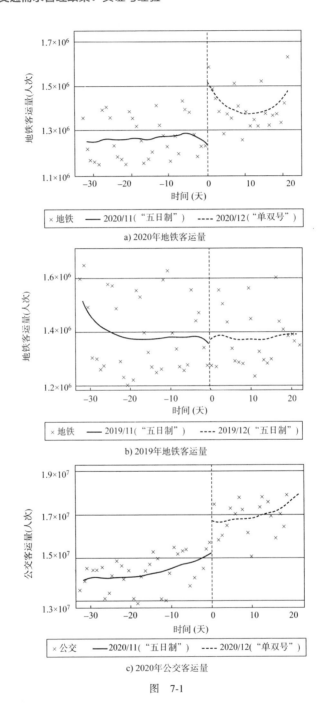

图 7-1

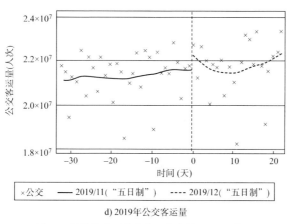

d) 2019年公交客运量

图7-1 最优带宽下公共交通方式的RD回归结果

为了进一步检验2020年12月地铁与公交客运量的增长是否是由于更为严格的限行政策的实施所显著引起的,将2019年11月和12月的地铁与公交客运量作为反事实对照组,采用同样的RD设计来验证前述分析的合理性。在这一回归模型中,选择单双号限行实施日的2019年同一天(即2019年12月3日)作为反事实对照组的断点,并且采用式(7-2)所述的模型进行回归,结果如图7-1b)、d)所示。回归结果表明,在假想的断点附近,地铁和公交客运量的LATE估计值分别为2.62和3.82,其显著性水平分别为0.338和0.199,不具有统计学意义的显著性。该结果进一步验证了2020年12月公共交通方式客运量相对2020年11月的增加与限行政策转变有直接关系。

7.3.1.3 路网车辆数

除了减少机动车排放外,减少路网中的在途车辆数也是实施严格的车辆限行政策的主要目标之一。图7-2的回归结果显示,在最优带宽下,"单双号"限行政策对路网车辆数的LATE估计值及标准误为15.42及4.37,这相当于路网车辆数减少了10.4%,稳健性分析的结果支撑了该结果的可靠性。这一发现与文献中于2019年在郑州进行的另一项调查[13]得到的结果相似,该调查指出在"五日制"和"单双号"限行政策下,私人小汽车出行使用意愿相比无限行条件分别下降到30.6%和27.5%,二者的相对差异为10.1%。本研究的结果也与廊坊市在同样的政策转变后的路网交通量减少8.74%的结果接近,详见第3章。然而,在限行政策由"五日制"转向"单双号"后,路网车辆数减少的理论值应为工作日 37.5%（1-0.5/0.8），周末 50%，而上述相关研究的结果均明显低于该理论值。

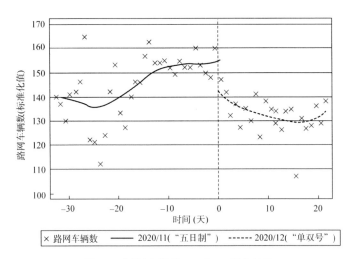

图 7-2　路网车辆数的 2020 年 RD 回归结果

第 3 章廊坊市的案例中有过对该现象原因的分析，路网车辆数减少的估计结果与理论值的差异可以归结为三个原因。首先，道路上有一定比例的违法出行车辆，且"单双号"限行实施下的违法车辆占比高于"五日制"限行。相关研究表明，在其他城市车辆限行期间违法出行的比例可能高达 30%~50%[22-23]。其次，有相当比例的闲置或备用车辆以及非限制车辆也开始被启用在路上行驶，这在路网车辆数超过理论值的部分中占有了相当大的比例。此外，郑州市的机动车保有量也在不断增加，每月新注册车辆占比为 0.7%~0.9%。严格的限行政策也会促使消费者购买第二辆车[19]、增加第二辆车持有量[14]。新能源汽车的推广[35]及不受限行约束也是路网车辆数减少比例不及预期的另一个驱动因素。

7.3.1.4　网约车出行需求

网约车订单量的 RD 回归结果表明，在最优带宽下，单双号限行政策对网约车出行需求的 LATE 的估计值及标准误为 23.82 及 7.85。稳健性分析结果表明，尽管回归系数为正且显著，但 LATE 的估计值对于不同带宽存在较明显差异，这表明政策转变对网约车需求的影响并不稳定。图 7-3 的结果显示，网约车订单量在

2020年11月至2020年12月间均呈现出上升趋势，可能是季节因素或行业发展所致。虽然"单双号"限行政策实施后网约车订单总量进一步增加，但是限行政策变化对网约车需求增长的定量影响无法完全确定。网约车出行需求可能会明显受到与私人出行无关的其他因素（如天气、旅游和商业因素等）的影响，而单双号限行的实施可能间接影响了网约车的出行需求。

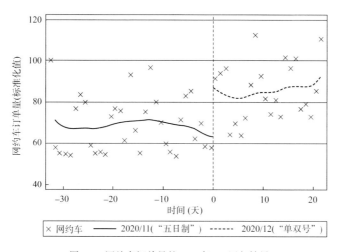

图7-3 网约车订单量的2020年RD回归结果

总体而言，在"单双号"限行政策实施后，在私人小汽车的多种替代交通出行方式中，网约车服务的订单量增长幅度最大。虽然回归结果在统计上并不具有较强的稳健性，但该结果同样表明许多原本的私人小汽车出行者仍然倾向于使用个体机动化出行方式，而这一结果也与来自西安的实证结果一致[16]。

7.3.2 长期与短期影响对比

车辆限行政策是最直接影响居民私人小汽车出行的交通需求管理措施之一。考虑到周期性和长期趋势是出行需求的主要特征，通过在RD设计中引入星期变量和长期趋势，能够定量分析不同限行政策对于各种交通方式出行需求的局部平均处理效应（LATE），其相较于政策转变前的平均值的比例则称为相对平均处理效应（Relative LATE，RLATE）。通过本节前面部分对局部处理效应的分析可以看到，在实施单双号限行后，有相当一部分出行需求从私人出行转向了其他交通方式。

与局部处理效应不同，限行政策的长期效应体现在政策转变前后几个月内各种交通方式的平均出行需求的差异。图7-4展示了各种交通方式的短期与长期影响的差异，其中虚线表示每种出行方式在政策转变后短期范围内的RLATE，折线则表示每种出行方式在政策转变后日均出行量的平均差异。需要指出的是，根据7.2.3节周期性分析结果，折线所示的平均差异只能反映实际客运量或出行量的长期变化趋势，而不能反映政策转变的直接影响。可以看到，公交客运量的长期增长相对稳定，其每日平均差异均高于RLATE。这表明郑州市的地面公交服务在研究阶段期间处于持续发展阶段，体现出"单双号"限行政策下从私人出行方式向公交出行需求的平稳转移。相比之下，地铁客运量在周末的长期影响远低于RLATE，这可能由于郑州市原本的周末地铁客运量就相对较高，这部分非必要出行需求受到车辆限行的影响自然相对较小。此外，还可以发现地铁和网约车的周末出行需求的增幅小于工作日，正如Guerra和Millard-Ball指出的[20]，实施严格的单双号限行后有一部分周末的非必要出行被取消或转移到其他时期，而这些需求本应由私人出行方式承担。总体来说，虽然严格的车辆限行政策减少了私人出行方式的需求量，但这种需求并没有很好地转移到地铁或其他公共交通方式上。

与公共交通方式不同，"单双号"限行政策对网约车需求的长期影响较小，且在一周内的不同时期有所不同。该结果的一个可能原因是网约车的总体客运量并不高，因而这种出行方式很容易受到私人小汽车出行量、公共交通客运量以及天气条件的影响。结合表7-4可以看到，网约车需求量整体上在周四最低，而私人小汽出行需求在周五最高。这些因素导致了从长期来看网约车订单量在周四和周五大幅增加。而在周一和周二，网约车订单量的长期增幅则相对较低。事实上，在2020年的研究时段内，郑州有两个周二（2020年11月17日和2020年12月1日）以及一个周一（2020年11月23日）在一天内出现了连续降雨，因而这两天网约车订单量总体偏高，其长期影响也就相应较低。

路网车辆数可以反映私人出行的需求量。虽然图7-4指出在政策转变后每天的路网车辆数都有所减少，但是从图7-2来看，路网车辆数最后还是会呈现出再次上升的趋势。直到2020年12月底，在"单双号"限行政策实施即将结束时，路网车辆数已经恢复到接近11月的平均水平。综上所述，严格的车辆限行政策虽然增加了其他出行方式的出行需求，但是并不能在短期内有效改变原本经常驾车出行的居民出行习惯。

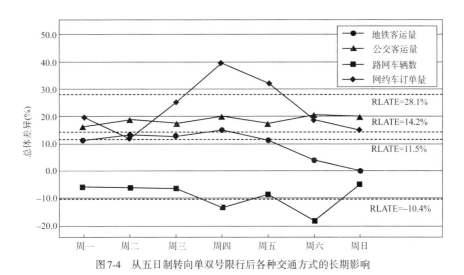

图 7-4 从五日制转向单双号限行后各种交通方式的长期影响

7.3.3 路网交通状态影响

在实施更为严格的"单双号"限行政策后,与"五日制"限行政策相比,路网交通运行状态主要有如下方面的变化。

7.3.3.1 运行速度提升

车辆限行政策通过限制路网中行驶的车辆数量,以缓解道路拥堵,改善交通状况。然而,考虑到居民出行需求的时变规律,限行措施在一天内不同时段的影响也有所不同。图 7-5 展示了 2019 年 11 月、12 月以及 2020 年 11 月、12 月限行区域内各时段的路网平均速度分布,其中将 2019 年两个月的结果作为对照组,2020 年两个月的结果则作为实验组。平均速度信息由 7.3.2 节描述的路网交通状况数据中获得,其中早高峰时段为 7:00—9:00,晚高峰时段为 17:00—19:00,其余时段为平峰时段。需要注意的是,"五日制"和"单双号"限行政策的限行时间均为 7:00—21:00,但是五日制限行仅适用于工作日,而单双号限行则同时适用于工作日和周末。

从对照组的结果来看,2019 年 11 月和 12 月一周内每天的平均速度差异并不显著,平均速度的月际差异小于周内日际差异。因此,可以认为在"五日制"限行政策实施期间,在其他因素稳定的条件下,同一时段内的平均速度分布不会发生显著变化。相比之下,2020 年 12 月的平均速度分布与 11 月存在显著差异,路网平均速度在各个时段内均出现显著上升。这表明"单双号"限行政策与路网平均速度的提升存在直接关系。在"单双号"限行的影响下，限行时段内的整体平均速度提高了12.12%（从35.8km/h提高到40.1km/h）。因此，可以认为实施"单双号"限行政策对郑州市缓解道路交通拥堵起到了明显的积极作用。

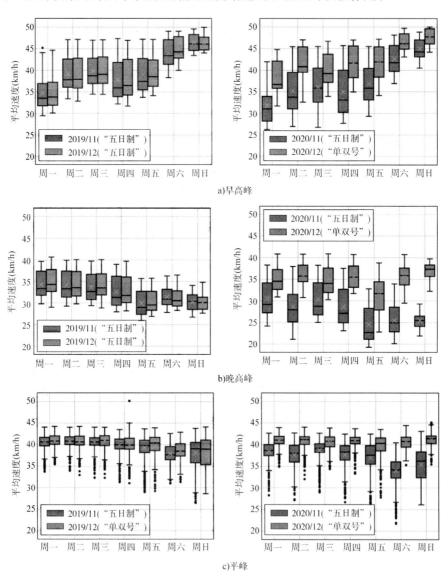

图7-5 郑州市2019年与2020年限行区域的平均速度对比

对比2020年11月和12月限行区域内的路网平均速度，可以得到实施"单双号"期间的速度增长情况，如表7-6所示。对于早高峰、晚高峰和平峰时段，周末的平均速度分别增加了7.56%、41.7%和17.4%，工作日的平均速度分别增加了19.7%、16.9%和6.66%。总体而言，在政策转变后的几乎所有时段，路网运行状况均得到了一定程度的改善。路网速度增幅最明显的时段是周末晚高峰，其次是工作日早晚通勤高峰，而周末早高峰以及工作日平峰时段的增幅最小。

实施"单双号"限行期间相比"五日制"限行的平均速度差异（单位：%） 表7-6

时段	时期						
	周一	周二	周三	周四	周五	周六	周日
早高峰	20.5	18.2	11.2	19.3	12.9	9.64	6.22
晚高峰	14.9	25.6	14.7	24.2	28.0	39.8	44.2
平峰	6.39	8.06	4.51	8.19	7.38	19.4	16.2

图7-6展示了2020年11月与12月间每小时平均速度的增长情况。其中，通过路网交通状况数据中的平均速度与拥堵指数，可以计算出路网的平均自由流速度（Average Free-Flow Speed，AFFS），即拥堵指数为1时所对应的路网平均速度。如图7-6所示，该结果直观地反映了在严格限行条件下，路网交通状况在越拥堵的情况下改善越明显。然而，平均速度仅在限行时段（7:00—21:00）内有所增加，这反映了出行者对限行政策执行的意识，部分受限制的车辆会调整到限行时段开始前或结束后不久使用。由于"五日制"限行仅适用于工作日，因而在政策转变为"单双号"后周末平均速度出现了更大的改善。此外，在周末进行非必要出行时，相比私人小汽车，出行者更倾向于选择公共交通或其他交通方式。与国内的其他大城市不同，郑州的交通拥堵通常出现在周末（尤其是周日）的晚高峰时段，这是由于郑州市近年来夜间经济发展迅速，居民出行需求经常集中在晚上，尤其是周末期间。

通过比较限行区域内路网平均速度与AFFS的差值，可以定义路网平均速度差与平均速度比。平均速度差越小，表明路网内的总在途车辆数可能越少，平均交通密度越小。图7-7展示了限行政策转变后的平均速度差的变化情况，由于数据存在的系统误差，图中仅考虑平均速度差明显为正值的结果。结果表明，工作日的平均速度差减少了20%~30%，而周末由于更大比例的车辆受到限制，平均速度差减少了40%~50%。工作日和周末的早、晚高峰时段平均速度差的降幅较平峰时段有所增加，这一结果验证了限行政策对原本拥堵时段的路网交通状况改善更大。严格的"单双号"限行政策在减少路网在途车辆数方面的实际效果在一天内不同时段有所不同，在高峰时段更为显著。

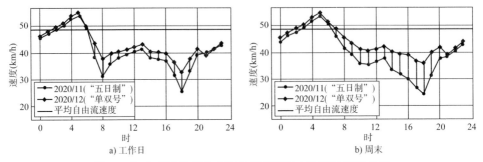

图7-6 从"五日制"转向"单双号"限行后小时平均速度的改善

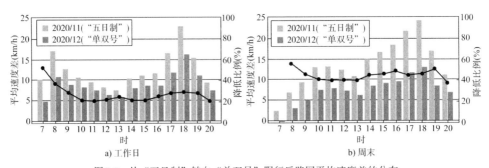

图7-7 从"五日制"转向"单双号"限行后路网平均速度差的分布

7.3.3.2 路网车辆数减少

图7-8展示了郑州限行区域的每日平均速度与路网车辆数之间的关系，其中每个观测样本的横坐标表示限行时段（7:00—21:00）内路网平均速度的平均值，纵坐标表示当天限行时段内的路网总车辆数（图中用标准化值表示）。直观来看，路网内日平均速度与总车辆数呈负相关关系，在限行时段内，车辆数越少，整体交通状况越好。"单双号"限行实施期间的线性拟合斜率为-1.88，低于"五日制"限行期间的斜率（-5.56）。如果以"五日制"限行期间的平均速度和车辆数之间的关系作为基准，可以发现"单双号"限行政策的实施尽管在减少路网车辆数方面产生的效果不如预期，但是在一定程度上改善了交通状况。

这一结果可以归因于单双号限行政策下的出行强度与出行时间分布的变化。一方面，虽然存在一定比例的违法出行，但这些违法出行车辆可能会降低出行强度，以减少被处罚的风险。这一现象也与第3章的研究结果一致，第3章调查了在更严格的"单双号"限行下廊坊市的违法出行情况，发现违法出行车辆的出行强度（即每天的总出行次数）低于合法出行车辆。另一方面，路网每日平均速度的增长主要来源于拥堵缓解以及高峰时段平均速度的显著提高。换言之，在"单双号"限行政策下，原本最拥堵的快速路、主要干线以及城市中心区的交通量将有所减少。由于这些区域通常是违法检查的重点，部分出行者更有可能会绕行，从而避免了高峰时期的局部拥堵。

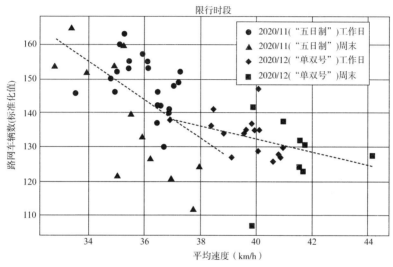

图7-8 限行时段内路网平均速度与车辆数的关系

总体来说，由于路网交通状况是影响居民出行选择的重要因素之一，而严格的限行政策能够在短期内显著缓解交通拥堵。"单双号"限行政策影响下的交通状况变化的一个重要特征是，由于限行车辆的比例相对固定，在比较拥堵的时段交通状况会得到明显改善。从图7-7中可以看到，周末的路网速度差降低了40%~50%，而工作日降低了20%~30%，表明路网行程时间明显下降。私人出行需求的日内分布更加分散，表现在每日总车辆数的降低率低于平均速度差的减少率。此外，地面公交服务的改善也与高峰小时交通状况的改善密切相关，这反映在限行政策转变前后的两个月间公交客运量稳定增长等方面。当路网拥堵程度较低时，公交车辆也将更具吸引力。

车辆限行政策的初衷是减少城市道路网络中的在途车辆数等。在途车辆的减少不仅意味着排放减少,而且有助于改善交通状况。郑州市限行期间确实存在违法出行的情况,抵消了严格限行政策所产生的一部分实际效果。然而,图7-8的结果表明,限行对路网平均速度的影响大于对车辆数减少的影响,说明"单双号"限行政策下的出行强度和行程时间发生了变化。尽管严格的车辆限行政策对于限制路网内车辆总数的影响低于预期,但对改善交通状况的效果是非常明显的。

7.4 本章小结

随着许多城市实行了越来越严格的车辆限行政策,公众和政府都亟须认识到限行政策所产生的实际影响。本章利用郑州市2019—2020年间多种交通出行方式的多源海量数据,从交通出行需求和路网交通状况两个方面探究了严格的车辆限行政策对多种交通方式的综合影响。

结果表明,更为严格的车辆限行政策直接减少了路网中的车辆数量,进一步改善了路网交通状况,缓解了交通拥堵。反事实对照组之间的对比分析结果表明,在没有政策转变的情况下,城市交通出行特征(如各种交通方式的出行需求以及交通状况)不存在明显差异。而从"五日制"限行政策向更严格的"单双号"限行政策的转变会导致几个方面的综合影响。首先,RD回归结果表明了政策转变后公交客运量和网约车需求显著增加,其次,虽然路网中车辆数量的减少低于理论预期,但车辆限行政策的实施确实改善了交通运行状况,特别是高峰小时交通拥堵时段内的交通运行状况。研究结果还表明,除公交出行外,严格的车辆限行政策对其他交通方式(地铁和网约车)以及路网车辆数的长期影响会随着时间的推移而下降。习惯乘坐私人小汽车的出行者仍然倾向于将小汽车作为第一选择[36]。

虽然研究结果证实了实施严格的车辆限行政策的积极影响,但这些政策的实际应用仍需谨慎。以限制私家车出行为目的的交通需求管理政策将不可避免地导致公众反对[24,37]和违法出行行为的增加[22],从而在很大程度上抵消限行政策本身的积极影响。此外,研究表明限行政策还可能增加汽车保有量[19],而缺乏证据表明政策实施的长期有效性。相比限制性措施,合理的引导能够更有效地改变居民对私人机动化出行的态度。尽管如此,政府和公共交通运营商在严格限行期间将有更多机会来提升公共交通服务水平,这将有助于巩固居民出行从私人模式向公共交通模式的转变。

本章参考文献

[1] LI R M, GUO M. Effects of odd-even traffic restriction on travel speed and traffic volume: Evidence from Beijing Olympic Games[J]. Traffic Transport Engineering, 2016, 3(1): 71-81.

[2] CHEN S, ZHENG X, YIN H, et al. Did Chinese cities that implemented driving restrictions see reductions in PM10?[J]. Transportation Research Part D: Transport and Environment, 2020, 79: 102208.

[3] DAVIS L W. The effect of driving restrictions on air quality in Mexico City[J]. Journal of Political Economy, 2008, 116(1): 38-81.

[4] DE BUEN KALMAN R. Can't drive today? The impact of driving restrictions on bikeshare ridership in Mexico City[J]. Transportation Research Part D: Transport and Environment, 2021, 91: 102652.

[5] YANG J, LU F, LIU Y, et al. How does a driving restriction affect transportation patterns? The medium-run evidence from Beijing[J]. Clean Prod, 2018, 204: 270-281.

[6] ZHANG L, LONG R, CHEN H. Do car restriction policies effectively promote the development of public transport?[J]. World Development, 2019, 119: 100-110.

[7] KHANDKER S, B. KOOLWAL G, SAMAD H. Handbook on Impact Evaluation [M]. Washington: The World Bank, 2009.

[8] BLACKMAN A, LI Z, LIU A A. Efficacy of Command-and-Control and Market-Based Environmental Regulation in Developing Countries[J]. Annual Review of Resource Economics, 2018, 10(1): 381-404.

[9] MA Z L, CUI S S, CHIEN S I J, et al. Benefits and Risks of the Driving Restriction Policy: A Case Study of Xi'an, China[J]. Ieee Access, 2020, 8: 99470-99484.

[10] IIU Z H, ZHOU J B, ZHANG S C, et al. Restriction Analysis of Transport Policy for Bridges Using the Trajectory Data[J]. Journal of Advanced Transportation, 2020, 2020: 1-10.

[11] LIU Z Y, LI R M, WANG X K, et al. Effects of vehicle restriction policies: Analysis using license plate recognition data in Langfang, China[J]. Transport Res a-Pol, 2018, 118: 89-103.

[12] MOU E, ZHOU Y, SUN Z. The optimization of traffic congestions in big cities: the role of the motor vehicle restriction mechanism[C]. Fukuoka: Proceedings of the IOP Conference Series: Materials Science and Engineering, 2019.

[13] ZHAO P, ZHAO X Y, QIAN Y M, et al. Change in Commuters' Trip Characteristics Under Driving Restriction Policies[J]. Smart Innov Syst Tec, 2019, 149: 183-192.

[14] DE GRANGE L, TRONCOSO R. Impacts of vehicle restrictions on urban transport flows: The case of Santiago, Chile[J]. Transport Policy, 2011, 18(6): 862-869.

[15] WANG Y S, MA W J, YIN W, et al. Implementation and Testing of Cooperative Bus Priority System in Connected Vehicle Environment Case Study in Taicang City, China[J]. Transportation Research Record, 2014, 2424(2424): 48-57.

[16] CHENG X Y, HUANG K, QU L, et al. Effects of Vehicle Restriction Policies on Urban Travel Demand Change from a Built Environment Perspective[J]. Journal of Advanced Transportation, 2020: 1-13.

[17] DONG X, WANG R Y, ZHOU Y D. Can Negative Travel Habits Hinder Positive Travel Behavioural Change under Beijing Vehicle Restrictions?[J]. Promet-Traffic & Transportation, 2020, 32(5): 691-709.

[18] GU Y Z, DEAKIN E, LONG Y. The effects of driving restrictions on travel behavior evidence from Beijing[J]. Journal of Urban Economics, 2017, 102: 106-122.

[19] LIU F Q, ZHAO F Q, LIU Z W, et al. The Impact of Purchase Restriction Policy on Car Ownership in China's Four Major Cities[J]. Journal of Advanced Transportation, 2020: 1-14.

[20] GUERRA E, MILLARD-BALL A. Getting around a license-plate ban: Behavioral responses to Mexico City's driving restriction[J]. Transport Res D-Tr E, 2017, 55: 113-126.

[21] YAO W, DING Y, XU F, et al. Analysis of cars' commuting behavior under license plate restriction policy: a case study in Hangzhou, China[Z]. 2018 21st International Conference on Intelligent Transportation Systems (ITSC), 2018: 236-41.10.1109/itsc.2018.8569742.

[22] LIU Z Y, LI R M, WANG X K, et al. Noncompliance behavior against vehicle restriction policy: A case study of Langfang, China[J]. Transport Res a-Pol, 2020, 132: 1020-1033.

[23] WANG L, XU J, QIN P. Will a driving restriction policy reduce car trips?—The case study of Beijing, China[J]. Transportation Research Part A: Policy and Practice, 2014, 67: 279-290.

[24] JIA N, ZHANG Y D, HE Z B, et al. Commuters' acceptance of and behavior reactions to license plate restriction policy: A case study of Tianjin, China[J]. Transport Res D-Tr E, 2017, 52: 428-440.

[25] NIE Y. On the potential remedies for license plate rationing[J]. Econ Transp, 2017, 9: 37-50.

[26] 郑州市统计局. 郑州市第七次全国人口普查公报(第一号)[Z]. 郑州:郑州市统计局,2021.

[27] 郑州市人民政府办公厅. 郑州市人民政府办公厅关于印发郑州市"十三五"煤炭消费总量控制工作实施方案的通知[Z]. 郑州:郑州市人民政府办公厅,2017.

[28] 郑州市统计局. 郑州统计年鉴[Z]. 郑州:郑州市统计局,2021.

[29] 郑州市人民政府. 郑州市政务公开信息[Z]. 郑州:郑州市人民政府,2021.

[30] 百度地图. 2020中国城市交通报告[R]. 北京:百度地图,2020.

[31] SUN J, DONG H, QIN G, et al. Quantifying the Impact of Rainfall on Taxi Hailing and Operation[J]. Journal of Advanced Transportation, 2020: 1-14.

[32] WU J, LIAO H. Weather, travel mode choice, and impacts on subway ridership in Beijing[J]. Transportation Research Part A: Policy and Practice, 2020, 135: 264-279.

[33] HUANG H J, FU D Y, QI W. Effect of driving restrictions on air quality in Lanzhou, China: Analysis integrated with internet data source[J]. Journal of Cleaner Production, 2017, 142: 1013-1020.

[34] IMBENS G, KALYANARAMAN K. Optimal Bandwidth Choice for the Regression Discontinuity Estimator[J]. The Review of Economic Studies, 2011, 79(3): 933-959.

[35] LIU X, SUN X, ZHENG H, et al. Do policy incentives drive electric vehicle adoption? Evidence from China[J]. Transportation Research Part A: Policy and Practice, 2021, 150: 49-62.

[36] BUTLER L, YIGITCANLAR T, PAZ A. Barriers and risks of Mobility-as-a-Service (MaaS) adoption in cities: A systematic review of the literature[J]. Cities, 2021, 109: 103036.

[37] JAIN N K, KAUSHIK K, CHOUDHARY P. Sustainable perspectives on transportation: Public perception towards odd-even restrictive driving policy in Delhi, India[J]. Transport Policy, 2021, 106: 99-108.